ひと月1万円！体にやさしい

昭和のシンプル食生活

はじめに

みなさん、こんにちは。永山久夫です。

不肖永山久夫、人生をしぶとく、あきらめず生きて参りましたが、気がつけば馬齢85歳を重ねております。「馬齢」と言いますが、ハテ、馬はこんなに長生きしたか。

私、移り変わる日本を見て参りました。

貧しかった戦前。極貧の戦争直後。歯を食いしばって手にした高度成長期。日本人一億総中流の時代。ボディコンのお姐さんが踊りまくったバブル期。そして中流社会が崩れ、忍者のように静かに忍び寄ってきた、〝ビンボー〟な暮らし。

この厳しい時代を生きぬかねばなりません。長らく、ビンボー菌に取りつかれてきた永山久夫。ヘッチャラであります。なぜならば、私には「昭和の食生活」があるからです。長い間ビンボー暮らしをしていると、呆れるほど生活術が身につきます。今日一日を、どうやって食いつなぐか……。

朝、目を覚ますと、すでに空腹。まず、水道の水をコップ一杯飲んで、腹ごしらえをしたら、窓を開け、太陽に向かって深呼吸して、頭の回転に油をさします。

申し遅れましたが、私、昔は売れないビンボーマンガ家をいたしておりました。しかも、小さな子どもを抱えたやもめ暮らし。朝食は、前日の冷や飯に湯をかけたお茶漬け。おかずは残り物の大根と、人参の皮で作ったキンピラで、実にうまい。これを子どもと競争しながら平らげます。思えば、昭和の食事でした。

長い人生にはいろいろありますが、私の場合、芽の出ない人生が長過ぎました。そんな暮らしの中で身についたのが、安く手に入る、体にいい物を食べるということでした。豚肉・卵・納豆・高野豆腐・青魚……みんなおいしくいただきました。85歳まで元気にこられたのは、ビンボーから悟った生活の知恵、永山式・昭和の食生活のお陰だと思っています。

本書で紹介した食材は、健康成分が豊富ですから、免疫力も強化されるでしょう。しっかり料理して栄養をとり、厳しい時代を逞しく生きぬきましょう。

大事なことは、どんなときにも希望を失わないこと。ビンボーを楽しんでしまうくらいになりたいものです。

私たち親子は究極の楽天主義でした。

たとえば子どもとの夕食のとき。子どもが「今日のご馳走はなに?」と聞きます。「ハイ、これですよ~」と紙に描いた豪華なスキヤキのイラストをさっと出します。子どもは大喜びしながら、大根の混ぜご飯を平らげてくれるのです。

暗くなったり、落ち込んだりしたら、負けと悟りました。人生に負け、世の中に負け、時代に負けてしまう。ビンボーしていると、「バイタルパワー（生命力）」が始動して強靭になり、将来に対して自信が出てきます。しっかり料理して栄養をとり、自分の中に潜在している才能を発見して、強化いたしましょう。

不肖永山久夫の体験をまとめたこの本が、皆様のお役に立ちますように。

愛を込めて。

永山久夫

目次

contents

2章　永山久夫が食べてきた昭和のシンプル食材10

※レシピの分量はおよそ一人前です。

一食一心 I

人生は食にあり

——昭和の食生活の知恵

1章　永山久夫がすすめる食生活の知恵

①私に「ビンボー力」がついた日

蟬にまでからかわれた、売れないマンガ家時代

気づいたら、私の体には足の先まで「ビンボー力」がついていました。ビンボー歴はざっと50年。いつもポケットには小銭しかなく、それで食事をやりくりする。知恵を働かせないと、毎日のピンチが乗り切れない。

蟬にまでバカにされました。夏の夕方など、腹ペコでフラフラ歩いていると、カナカナ蟬までが、「カネ、カネ、カネ……」と鳴いて、私をからかいました。

そのような、その日暮らしの中で身についたのが、「ビンボー力」でした。

日本の人口が1億人を突破したのが昭和41（1966）年で、映画『男はつらいよ』の第一作が公開されたのが、昭和44（1969）年。日本は好景気に沸いていましたが、私だけは時代のアウトサイダーでした。

売れないマンガ家をいたしておりました。仕事があってもなくても、気が向くと、スケッチブックを持って旅に出てしまうような、気ままなマンガ家です。私は民俗学の研究をしていたため、地方に行って、土地の食の習慣を調べたり、古老のお話をイラスト化するなど、金にならないことばかりしていたのです。

東京に出てくる前は、東北の師範学校に入り、山村の小学校の先生をしながら、民俗学の研究を続けるつもりでしたが、肺結核にかかって休学。福島の実家で静養しているときに、ある新聞社の「素人マンガ賞」に投稿したら2位に入賞。急にマンガ家になりたくなって上京したのが、ビンボー暮らしのきっかけでした。

2年ほど休学し、その間にプロになって学費を稼ぐつもりだったのです。しかし、人生はそんなに甘くありません。多少の稿料は得ましたが、生活できるはずもなく、その日、その日を生きるだけの、最底辺の暮らし。

流れ星が飛んだ夜

新宿に近い、甲州街道沿いのボロアパートの4畳半の部屋に住みつき、結婚して男の子も生まれていました。

ある夏の日、仕事がなく暇をもてあまして寝ころんでいると、ゴキブリが出てきました。串刺しにして、醤油の付け焼きで食べてみようと思い、ぱっと飛びついたら、すばしこくて逃げられてしまった。

田舎では秋になるとイナゴを捕って食べていたので、ゴキブリも同じような味だろうと思ったのです。

幸い、妻も子どもも、ビンボーを苦にしない性格だから助かりました。今でも不明なのですが、なぜだかよく笑う。家族揃って「ビ

ンボーカ」がつきかかっていたのでしょう。子どもが小学生のときに、妻が心臓病でこの世を去った。貧しい暮らしのせいかと思い、妻と子どもに申し訳がなかった。しかし、子どもは逆に私を励ましてくれました。いつの間にか、私より逞しくなっていたのです。

新宿駅南口いっぱいの空が夕焼けで、まっ赤に染まっていた。

ホカホカの肉まんを買い、子どもと広場に行きました。

土管に並んで座り、夕焼け空を見上げながら、妻の好きだった美空ひばりの「リンゴ追分」を歌っていたら、大きな流れ星が飛びました。

子どもが土管の上に立ち、星に向かって大声で「おかあちゃ～ん」と叫んだ。私はびっくりして、土管から転げ落ちました。大声で笑った。涙が流れて、流れて、とまらなかった。

85歳で見る明日の夢

私の窮状を見かねた新聞社の知人が、納豆業界の歴史をまとめて、1冊の書物にする仕事をくれました。

私はがんばって、全国各地に存在する納豆業者、その歴史、伝承、作り方などを調べ上げて、ハードカバーの本にまとめました。『納豆沿革史』です。本はマスコミで話題になり、私のところにもたくさん取材が訪れ、それがきっかけで、執筆やTV出演の依頼が増えました。和食の歴史、食の民俗学、食物健康法、そして大学からの教授の依頼。次々と仕事が舞い込み、私は後戻りしない覚悟で、食文化史関係の仕事を引き受けたのです。

人生には回り道も、寄り道もない。

歩いてきた道がすべてなのだと、つくづく思います。すべてが現在につながり、その人間の能力と健康を作っているのだと。

私は現在85歳です。残っている住宅ローンを早く返済して、もう一度マンガ家に挑戦したいのです。90歳で再デビューを目論んでいます。マンガを描き始めれば、私はまたビンボーになるでしょう。「ビンボー力」を落とさないように、フライパンで作った豚めしを食べて、シコシコと生きていこうと思います。

②クヨクヨしないで明るく生きる

新聞やTVのニュースなどによると、どうやら、格差が広がる生きづらい時代がやって来たようです。では、どのように生きるか。

まずは、自己防衛力を高めることです。一つ目は、病気にかからない免疫力の高い体を保持すること。二つ目は、クヨクヨしないタフな精神力を作ること。三つ目は、むだなお金を使わないこと。

私のビンボー歴50年からいえるのは、このような時代には、明るくなった方が勝ちです。笑うと心が吹っ切れて、つらいことを忘れることができる。笑うのにお金はかかりません。ちなみに、日曜日、私はTV番組『笑点』を見て笑うように心がけています。

笑うと脳の中に幸せホルモンが増えて、何となく楽しくなってきます。笑えば病気に負けない免疫力も強くなる。幸せホルモンはカツオ節や煮干などに多い。ビンボー生活50年の大ベテラン永山久夫、イライラしたり、ストレスを感じると「ネコまんま」を食べます。

ご飯にカツオ節をふりかけ、醤油を数滴たらし、熱湯をかけてかっ込む。すぐに満腹になり、笑顔も戻って、胸のつかえもとれる。出版社への原稿売り込みも度胸がつきました。ピンチになるほど、困難を切り抜ける力がつくものです。

ビンボーを笑い飛ばしましょう。

何事も、みんな一緒なら怖くないのです。自分だけではない。崖っぷちで、ギリギリがんばっている仲間がいる。何と心強いことでしょう。

大事なことは、クヨクヨしないことです。家計が苦しくても、年金が少なくても、落ち込んで暗くならないことです。いつも青空を見ているような明るさ。気持ちが明るいと病気にもかかりません。

不肖、食文化研究家・永山久夫の今があるのは、ビンボーを苦にせず、ニコニコしながら毎日納豆を100回かき回し、明るく、しぶとく、人生をあきらめなかったからであります。

③一食一心、人生は食にあり

人はみな、命をいただいて生きています。

ですから食べるときは、命をくれたものたちへ「ありがとう！」と感謝しましょう。目の前にある料理。その料理には、作った人たちの苦労が込められています。たとえ大量生産、安売りの品でも、生産に関わったたくさんの人がいる。それを思えば、どうして食べ残しができるでしょうか。

食材の命と、製造に関わった人たちの苦労。思わず正座して、「いただきます」と、感謝の言葉が出てしまう。「一食一心」なのです。心を込めて、感謝しながらいただきましょう。

このような気持ちで食べれば、どんなものでもおいしく感じられるもの。みんな、しみじみと美味なのです。それに、一食一心は、体にも財布にもいいのです。一食たりとも、むだにしません。心を込めていただく。食べきる。栄養のバランスもとれる。

このようにして食べてきたのが日本人でした。日本は資源の乏しい国です。ですから、物は粗末にできません。一粒《つぶ》の米でもひろって釜に入れ、一緒に炊いたのです。一食たりとも、むだにしません。心を込めていただく。食べきる。

大根だったら、根の白い部分だけでなく、緑の葉っぱも食べる。皮もキンピラにすればうまい。大根が育つのにかかった時間の分だけ、うまさと栄養がつまっている。人参の切れはしも、なすの皮も同じです。

野菜は、根があって茎があり、葉が茂って花が咲く。全部それぞれに味があり、うまい。すべてが命。だから感謝しながら全部いただきましょう。野菜には「一物全体食」が礼儀なのです。

厳しい暮らしをする人が増えている今、自分が食べているものについて、じっくり考えるときがきました。ビンボー歴50年。子ども時代から50代半ばまで、ビンボー菌に住み着かれていた私は、このぐらいは全然ヘッチャラであります。

齢《よわい》80歳になってから考えてきました。お金を使わず、いかに健康に暮らすか。人は毎日何かを食べて命をつないでいるのだから、食べるもの、食べ方がとても大事だと。下流社会などという言葉に惑わされず、タフに生きなければならないと。

そこでひらめいたのです。「よし、永山久夫が食べつづけてきて、現在もいただいている食生活を公開しよう」。うれしいことに、「安い、うまい、体にいい」と三拍子揃っている。

まさに、今なのです。日本がバブルに浮かれ、一億総中流とはしゃいでいた頃は、「永山流食生活」などは見向きもされなかったでしょう。しかし、時代の風が変わりました。日本人の知恵がつまった、和食ベースの「一食一心」、永山流昭和の食生活の幕が上がりました。

みなさんも感謝しながら命をいただき、人生を楽しんでください。そして、料理を作る喜びを知ってください。

④安い、かんたん、うまい、が一番

不安な時代です。

少子高齢化が進み、子どもの姿が減って見かけるのは老人ばかり。消費税は上がったのに給料は上がらず、上がるのはエンゲル係数（家計の消費支出に占める食費の割合）ばかり。実質的給料は下がる一方です。株で儲けた投資家はニコニコ顔ですが、少ない収入をやり繰りする主婦や年金生活者、非正規労働者に恩恵は訪れません。安倍さん、これは不公平というものではありませんか。

先の見えない不安な時代。今さら述べるまでもなく、シビアになって、お金の使い方を工夫しましょう。日々の暮らしの中では、スーパーの特売を丹念に探して、1円でも安い品を手に入れる心構えが大切です。米・肉・魚・缶詰・野菜・果物を、頭を使って買うことによってお金の価値を高める。食費は毎日出て行く経費なので、なおさらです。

スーパーを回って安くて良質な食材を買って来たら、次はクッキングですが、実はクッキングほど脳の活性化にいい作業はありません。ですから私も、時間がゆるす限り包丁を握るようにしています。

まず何を食べるかを考え、仕上がりの料理を頭の中でデッサンして、次に材料を揃えて、どのように切って水の量はどうするかを考える。そして鼻をきかせ、舌を使う。つまり、料理は五感をフルに使わなければできない作業なのです。

そして、食材を鍋かフライパンに入れて火にかける。しかし時間をかけるほど、素材のうまみやビタミンC、酵素などが抜けていくので、手早くパッパッパとやる。そして、味つけはシンプルに。特に塩分の使い過ぎはよくない。高血圧の最大の原因です。塩には用心しましょう。

和食の極意はシンプルにあり。刺身がいい例です。料理が下手な人ほど時間をかけています。しかし、時間と手間のわりにはおいしくない。「安い」の次のツボが「かんたん」なのです。手早く仕上げるのが料理のコツであり、それが健康にも役立ちます。

食材には本来自然の力が育てた味、栄養があり、それを短時間に仕上げ、食材の生命力を生かします。フランス料理のように濃いソースを使って、食材本来の味を消してはいけません。フレンチは、たまにしゃれた店で会話と雰囲気を味わうからいいので、家で毎日だったら逃げ出してしまいます。

そこでおすすめなのが、「永山流かんたん料理のツボ8カ条」。私の長い料理体験の中から生まれてきた、悟りのようなものといっていいでしょうか。手を抜くというのは「喩《たと》え」であり、「かんたんに」という意味です。

その一、手を抜いた方が、おいしい

その二、手を抜いた方が、健康にいい
その三、手を抜いた方が、塩分を減らせる
その四、手を抜いた方が、低コスト
その五、手を抜いた方が、あと片づけもかんたん
その六、手を抜いた方が、栄養成分も生かせる
その七、手を抜いた方が、時間の節約
その八、手を抜いた方が、味覚がシャープになる

ぜひ一度、自分の料理の手際を思い出して比べてみてください。

ただし、「かんたん」と「下手」とは違います。料理上手でなければ「かんたん」や「手を抜く」ことはできないのですから。安い食材を使って手際よくおいしく作る、「手抜きシェフ」になりましょう。

2章　永山久夫が食べてきた昭和のシンプル食材10

①キャベツ……4畳半の畳の上で刻んで食べた、どんぶりキャベツの力

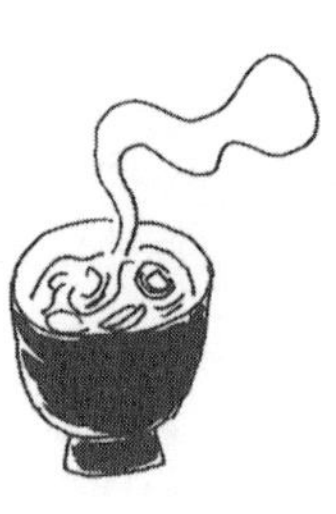

青春はもちろん、中年になってからも、私の人生はビンボーの真っ盛りでした。
アパートの4畳半の部屋で、窓から差し込む夕日を浴びながら、あかね色に染まった畳に座り、私は毎日のようにキャベツを刻みました。

そして、どんぶり山盛りのキャベツにソースをかけて、満腹になるまで一人モクモクと食べました。安いキャベツが、金のない若者たちの味方だった時代の話です。思えば、85歳の現在まで大きな病気もしないで働けた体は、この〝キャベツ時代〟に作られました。

ほかの葉物野菜にくらべても、健康に重要な栄養素を豊富に含み、とくに多いのがビタミンC。不足すると傷が治らなかったり、感染症にかかりやすくなります。ビタミンCは活性酸素の攻撃から体を守る抗酸化作用もあります。さらに、キャベツで注目されるのはビタミンUで、ストレス系の胃潰瘍を治す効果が高いことがわかっています。ビタミンUは別名を「キャベジン」といい、胃腸薬キャベジンの名前はここから付けられました。

古代ローマ時代には「貧乏人のクスリ」と呼ばれるほど、健康を守る野菜とされていました。現代日本の弱肉強食のストレス社会に負けないために、大いに弱者の強い味方、キャベツを食べましょう。

今でも私がキャベツ好きなのは、遠い昔、4畳半の畳の上で刻んだキャベツの味を忘れられないからかもしれません。

②卵……完全栄養食品の卵があれば、大丈夫、生きていける

苦しかった時代、私を元気づけてくれたのが卵かけご飯でした。「安い、かんたん、うまい」、節約めしのチャンピオンです。安アパートの黄ばんだ畳に座り、一人、卵かけご飯を食べる

青年にとって、卵は頼りになる応援団でした。「よし、卵があれば生きていける」という希望が生まれてきました。

しかし、食べてうまいだけでは、チャンピオンにはなれません。うまいと同時に栄養があるかないか。うれしいことに、卵かけご飯には二つとも揃っています。

厳しい時代に負けずがんばるためには、くじけない気持ちと、シャープな頭が必要です。ネットの時代だとかで、電車の中はほとんどがスマホの奴隷ばかり。押し寄せる情報に溺れているとしか思えません。すばやい情報入手も大事ですが、もっと大切なのは、じっくりと深く物事を考え、失敗を恐れず、勇気をもって決断すること。

そのためには常日頃から心がけて、頭の血のめぐりを良くしておきましょう。

よく、人は「血管と共に老いる」といわれますが、「自分はまだ大丈夫」と油断してはならないのです。高脂質のものばかりの食生活や、運動不足の生活をしていると、血管は急速に老化していくものですから。

中高年世代が恐れる動脈硬化は血管の老化現象が原因ですが、卵に多く含まれているレシチンには、血管の内側にこびりついたコレステロールを取り除き、血の流れをサラサラにする作用があります。このレシチンは卵の黄身に含まれていて、記憶力、創造力、即答力など脳機能を高める働きもしますが、レシチンが十分働くのに欠かせないのがビタミンB_{12}で、これも黄身にたっぷり含まれています。

ですから、卵かけご飯だけでなく、半熟卵、みそ汁に落とす、納豆に混ぜる、目玉焼き、オムレツ、生卵を呑む……などさまざまな方法で、最低1日1個は食べるようにしましょう。

私は4畳半暮らしの日々以来、毎朝生卵1個を呑みながら、「今日もガンバルゾ！」と自分を励ましてきました。しかし近頃は、「百歳まで生きるゾ！」と叫びながら納豆に混ぜて食べているので、奥さんは、「一足先に三途の川を渡って、向こう岸で昼寝しながら待ってるから、あとからゆっくりイラッシャイ。一緒に極楽へ行きましょうね」といっています。

③納豆……極貧地獄から引き上げてくれた、キラキラ光る納豆の糸

納豆はネバネバと糸を引きますが、その糸こそが病気を追い払い、健康寿命をのばしてくれる千両役者。ネバネバの正体はうまみ成分のポリグルタミン酸で、納豆のうまみは、このキラキラ光る糸にあったのです。

そしてネバネバにはもう一つ、ナットウキナーゼという生きた酵素が含まれていて、血管

中に発生した血栓を溶かし、血流を促進。その効果は薬並みともいわれています。ただ、ナットウキナーゼは酵素なので熱に弱く、70度を境に効力を失ってしまうので、調理法や食べ方に注意してください。

人は年齢とともに動脈が硬くなり、血栓ができやすくなりますが、納豆はそれを防いでくれるすばらしい食べ物。日本人が考え出した酵母食品の傑作です。

さらに、納豆に豊富に含まれているビタミンKが、もろくなった骨を丈夫にしてくれることをご存じでしょうか。高齢者が寝たきりになる原因で多いのが、つまずきによる転倒骨折。動物は年をとると骨がもろくなりますが、納豆には、骨からカルシウムが流失するのを抑える働きがあり、実際に、普段から納豆を多く食べている地域では、高齢者の骨折事故が少ないと報告されています。

納豆100グラム中に90ミリグラム含まれるカルシウムが、骨を強くしてくれるのですから、ぜひ、意識して毎日食べるようにしてください。納豆は冷凍がきき、味も落ちません。タレなしの3パック50円の納豆で十分。味つけは醤油でOK。

私、永山久夫は、もう子どもの頃から、1年365日納豆を食べ続けてきましたが、近頃、ふと思います。納豆のあのキラキラと光るネバネバ糸が、私を極貧地獄から引き上げてくれたんだ。そうだ、きっと、ご先祖様があまりのビンボーを憐れんで、極楽から下ろしてくれた救いの糸に違いない……芥川龍之介の小説『蜘蛛の糸』のように。

そう思いながら、今日も一心不乱に納豆をかき回しています。

④甘酒……心の傷まで治してくれる、飲む点滴・甘酒

甘酒は、米麹とやわらかめに炊いたご飯を混ぜ、一晩寝かせて作る日本の伝統的な甘味ドリンクで、江戸の町では、冬はもちろん、夏を乗り切るための必須健康サプリメントでした。一晩発酵させただけでき上がるところから、「一夜酒《ひとよざけ》」とも呼ばれたノンアルコールドリンクです。最近では「飲む点滴」ともいわれて人気がありますが、スタミナ切れしたようなときに飲むと、即効性があります。

入院患者になじみ深い点滴の主な成分は、ブドウ糖やアミノ酸、ビタミン、ミネラルなどですが、甘酒はその成分に近いのです。点滴のような作用に加え、発酵食品ですから、麹酸や乳酸菌、酵素などが豊富に含まれています。それらの生菌効果によって、整腸作用のほか、免疫力の強化などに役立つのです。

私は生家が福島県の麹屋だったせいもあり、上京して何十年になりますが、今でも甘酒は手作りしています。好きなのは、ちょっと発酵が進んで少し酸っぱくなった甘酒。つまり乳酸菌の多い甘酒で、私にとってはヨーグルトのような存在です。その甘酒を3日に1回はこまめに手作りして、毎朝、大ぶりの湯飲み茶碗1杯飲んでいます。そのせいか、飲んでしばらくすると腸が動いて、便意があります。ですから、私は便秘に苦しんだことはありません。

ヨーグルトなど腸にいい乳酸菌飲料には女性ファンが多いようですが、甘酒はそれら以上に体にやさしい飲み物。肌の艶が落ちてきた中年女性、冷え性に苦しむ女性、体力が衰えてきた中高年に飲んでいただきたい発酵食品です。買うと高いので、酒粕でも作れる甘酒を手作りしましょう（作り方は212頁で紹介）。

まとめて作っておく場合、人肌よりもちょっと高めの温度で一晩寝かせると、甘みの強い甘酒になるので、冬は3～4日、夏は2日で飲みきってください。やわらかめのご飯に混ぜれば、さらにおいしいご飯になります。

最後に、胸にしまっておいた、甘い甘酒の酸っぱい思い出。

小さな子どもを残して妻が亡くなり、極貧の中、4畳半で親子二人暮らしていたパッとしないマンガ家時代です。夏なのに、団扇だけのむし暑い4畳半で暮らす子どもの体が心配で、なけなしの金をはたいて酒粕を買い、冷やし甘酒を作りました。

アパートの近くの広ッ原で、置かれていた古タイヤに座り、夜空の星を見上げながら子どもと飲んだ冷たい甘酒。「とうちゃん、おいしいね。おかあちゃんもいたらよかったのにね」と子どもがいい、私は、「おかあちゃんはお星さまになって、きっと、お空の上で飲んでいるよ」と涙ぐみました。見上げる夜空で大きな星が明るく輝くと、スーッと流れて消えました。

甘くて体にやさしい甘酒は、心の傷にも効く点滴なのです。

⑤みそ汁……一杯の温かいみそ汁が希望をくれる

寒い冬の朝に飲む、ゆらゆらと湯気の立つ温かいみそ汁。

財布の中は寂しくても、一人ぼっちでも、なんとなく幸せな気分になって心が満たされる。だしが利いていておいしければ、いうことはありません。

福島の海辺の村にあった生家の朝は、みそ汁の匂いで始まりました。5人の子どもが囲む丸い卓袱台《ちゃぶだい》。一番上の兄が、順番によそってくれるみそ汁を一口飲み、大急ぎで麦飯を口に放り込む。子どもたちは押し黙って、夢中で食べました。

みそ汁とご飯。一昔前ならどこの家でも見られた、日本の朝の風景でした。ところが、今やこの風景は変わり、日本の朝食からご飯とみそ汁が減ってきています。朝は軽くパンにコーヒーかジュース。それにヨーグルト。あるいはハムエッグか目玉焼き。

朝は忙しくて時間がない、朝は食べられない、ダイエットしている、高齢だから朝食は軽いほうがいい……など理由はさまざまですが、とにかく、家庭からみそ汁の匂いがしてきません。かくいう私でさえ、たまには玄米パンにコーヒー、生卵入り納豆という朝もありますから、とやかく言う資格はないのですが。

ならばみなさん、せめて、夜はみそ汁を飲みましょう。なぜなら、みそ汁は日本人の知恵が生んだ、すばらしい「スタミナスープ」だからです。日本人は働き者が多いので、疲れやすいし、体もだるくなったりする。ストレスも溜まりやすい。ところが、家に帰って一杯のみそ汁を飲むとほっとします。

これはみそに含まれるアミノ酸が、「幸せホルモン」と呼ばれるセロトニンを作り出すからです。多幸感をもたらすのがセロトニンで、感情を安定させ、落ち込んだ気持ちを明るくすると同時に、心をおだやかにします。だしのよく利いた湯気の立つ、おいしいみそ汁を飲むと、なんとなく幸せな気分になって心が落ち着くのは、「幸せホルモン」のおかげといっていいでしょう。

それだけではなく、みそは体力増強や脳の老化防止に役立つ発酵食品です。大豆から作るみそは豊富なタンパク質を含み、そのタンパク質が発酵によって良質のアミノ酸に分解されるので、みそ汁は栄養価が高く体にいいのです。

みそ汁のことをいった昔の日本の言葉に、「実の三種は身の薬」とあるように、みそ汁に3種類以上の具が使われると薬になるとされ、単なる汁ではない、おかずとして考えられていました。栄養があって、病気を防ぐ食べ物だったのです。野菜、海藻、豆腐、油揚げ、卵、魚の切り身、ときには豚や鶏肉など具沢山だったので、食物繊維もとれ、健康を守る食べ物でした。

飲めば、ほっとしておだやかな気持ちになれる、幸せホルモンいっぱいのみそ汁。ぜひ、毎日、湯気の立つ温かいみそ汁から、「よし、がんばるぞ」という希望をもらってください。

⑥高野豆腐……凍り豆腐（高野豆腐）は植物性タンパク質の王様

高野豆腐はエライ！　なぜなら、大豆食品、そして植物性タンパク質の王様なのですから。

考案した高野山のお坊さまたちに感謝して食べなければ、仏罰が下ります。

日本人が作り出した、大豆食品の中で最も栄養価の高い保存食。古来、多くの日本人に良質な植物性タンパク質を与え続けてくれました。

大豆は「畑の不老長寿食」といってもよく、さまざまに利用・加工されてきました。中でも高野豆腐は、別名「凍り豆腐」というぐらい、冬の厳冬期に太陽に当て、北風にさらすことによって栄養がぎゅっと凝縮された、大豆食品のナンバーワン。

本体の一割は、アミノ酸バランスのいいタンパク質なのです。しかも、ハッピネス・ホルモンと呼ばれるセロトニンの原料となるトリプトファンの含有量がきわめて多い。

セロトニンが増えると心がリラックスし、免疫力も上がり、病気に対する抵抗力も強くなります。

昔から、「怒るな、転ぶな、風邪ひくな」といわれてきました。これは、一日を平穏に過ごすための三つの知恵。中高年になってからの「心身」の健康を保つための、先人の教訓といっていいでしょう。

人間はカルシウムが不足するとイライラしたり、怒りっぽくなり、血管や脳、心臓などにダメージを与えかねません。ところがすばらしいことに、高野豆腐にはカルシウムも多く、

100グラム中に660ミリグラム。さらには、老化の原因となる活性酸素を減らすビタミンEも多く、肌の老化を防いでくれます。

他人と自分を比べず、しっかり足元を見すえて、毎日しっかり生きること。そのためにも、安くて栄養豊富な高野豆腐を食べてください。日々、高野山のお坊さまに感謝しながら暮らしましょう。

そういえば、毎日3食、副菜で高野豆腐を食べている内科のお医者さんがいます。良質のタンパク質がとれるということで、高野豆腐の煮物を作り置きしているそうです。

⑦発酵食品……毎日食べて肌つやつや、10歳若返って恋をする

昔、歌手の畠山みどりは「恋は神代の昔から」と歌いましたが、あなたは今、恋をしているでしょうか。恋の力はすばらしく、元気が出て、肌だってしっとりと輝いてきます。少しぐらい生活が苦しくても、気持ちが前向きになるから不思議です。

しかし、素敵な恋人は、こまめに連絡したり、気をつかわないとできないもの。その点では健康と似ています。健康は向こうから歩いて来ません。素敵な恋人と同じように、こまめ

に努力しないと、ふり向いてくれないのです。

ですから、私は講演などではよく、「みなさん、恋してますか〜、素敵な恋と健康は似ていますよ。どちらも、こまめに努力しないと手に入りませ〜ん。恋も健康も、年齢なんか関係なし。恋をして若返り、体にいいものを食べて、明るく元気に暮らしましょう！」と話しています。

すると、会場のみなさんから必ず聞かれます。「永山先生は、どんなものを食べているんですか？ 80歳過ぎなのに、そんなに若くて、元気な秘訣はなんですか？」

そこで私は、毎日、何種類もの発酵食品を食べています、と答えます。

発酵食品を食べ続けることで、生きた菌や酵素、アミノ酸を体内に取り入れ、脳の老化防止、活性化になっていると実感しているからです。現在85歳ですが、昨日も、北海道で講演してきたばかり。帰宅すると、今度は締め切り原稿が待っていて、夜遅くまで原稿をせっせと手書き。深夜一段落したら、翌日録音の、ラジオのネタを考えました。

結局、何を食べるかで人の健康は決まるのだと思います。食の選択がその人の病気や寿命に大きく影響し、人生を左右することは間違いありません。

私は中年半ばまで窮乏の日々でしたが、生家が麹とみそ造りをしていたせいもあって、どんなに貧しくても発酵食品だけは食べてきました。ネバネバと糸を引く納豆からはじまり、みそ、粕漬け、甘酒、塩辛、漬物などです。

最近よく「プロバイオティクス」という言葉を耳にします。これは「口から摂取し、生きたまま腸に届いて、健康に役立つ働きをする微生物」という定義で、酵母や乳酸菌、納豆菌、麹菌などのことです。それらの生菌を含む発酵食品を食べることによって、免疫力が高まったり、ガンを予防したり、腸を丈夫にしたりします。それと、もう一つ、肌がつやつやになって、10歳は若返るのです。

私の経験からいえるのは、発酵食品を食べ続けている人は、年齢よりはるかに若々しく見える、ということです。現に私の両親は、昔の人にしては、年をとっても若かったことをおぼえています。ですから、みなさん。安くて体に良く、若返り効果バツグンの発酵食品を毎日食べましょう。厳しい格差社会の現実を蹴飛ばして、10歳若返って、素敵な恋をしてください。

⑧ニンニク……金がなくても、ニンニクがあるさ

「金はなくとも、心に錦」という、ビンボー族にとって心強い言葉がありますが、金はなく

ても、台所にはいつもニンニクが転がっている。それでよいのです。

折にふれて、ニンニクを食べる。ニンニクの効果で免疫力を高めて、風邪はもちろん、ガンまで撃退してしまいましょう。

イタリアの研究によりますと、ニンニクをよく食べる習慣のあるサルディーニャ島の人たちは長寿で知られています。住民がガンになる確率は、食べない他の地域に比べて、40パーセントも低かったとか。アメリカにも同じような研究があり、発表によると、ニンニクがガン予防に一番効果があるそうです。

これらの働きは、ニンニクに含まれているアリインという物質の作用によるもの。アリインは、切ったりすりおろしたりすると、アリシンというニンニク特有の強烈な匂いの成分に変化。アリシンには発ガンや風邪の予防、血行を良くするなどの効果がありますが、オリーブオイルなどに溶かすとガン抑止のほか、血液の循環を良くする働きまで出てきます。

したがって、ニンニクの健康効果をフルに引き出すためには、みじん切りにして、オイルで低温加熱するのが一番いいでしょう。パスタ料理や焼きそば、焼きうどん、焼肉のたれ、カレー、野菜炒め……なんでもありです。たくさん食べると匂いが残りますが、調理法に気をつければ、これほど安くて元気をくれる食材はありません。

この格差社会、もし病気になればどうなるか。ガンにでもなれば、中流の人でも一巻の終わり。保険が利かない高価な抗ガン剤なんか、手が届きません。それに、抗ガン剤は体がボロボロになってしまいます。一流企業の正社員でも、発症して仕事に影響が出れば、会社はいつまでもいい顔をしてくれないでしょう。だから、ニンニクなのです。

3章でもサプリメントとして、詳しくニンニクを紹介していますから、上手に料理に混ぜて、家族や自分の健康を守ってください。

かくいう私も、極貧時代からニンニクにはお世話になってきました。一人暮らしの時代、アパートの4畳半ですすったラーメンには、必ず、おろしたニンニクをドバッと放り込んだものです。

そのため山手線に乗ると、私の周りに空間ができました。汗が出る夏などは特にひどく、ニンニクの匂いを非難する、若い女性の眼差しが矢のように四方八方から突き刺さる。

身の置き所のない私は、さりげなく窓の外を見ながら、ひょろっとした体を縮めていました。

⑨一日おきに魚と肉……栄養のかたよりを防ぐ永山流食事法

病気や老化に強い身体になるために大事なのがタンパク質のとり方で、私がおすすめするのは肉と魚を一日おきに食べるという食事法。私は長年この食べ方を続けています。

肉も魚も、人間の生命維持の基本物質であるタンパク質を豊富に含んでいますが、栄養的にみると、成分が少し違う。たとえば、ビタミンD。魚には豊富に含まれているが、肉にはほとんど含まれていません。カルシウムの吸収効率を上げ、骨を丈夫にして、免疫力を高める役目を果たしているビタミンです。

さらに魚には、DHA（ドコサヘキサエン酸）やEPA（エイコサペンタエン酸）など、健康維持に欠かせない必須脂肪酸がたっぷりです。これらの脂肪は血栓ができるのを防いだり、中性脂肪を低下させる働きがあり、さらには記憶力の若返り、アレルギー予防などにも役立っています。

牛肉、豚肉、鶏肉は、いずれもアミノ酸バランスのいいタンパク質を豊富に含み、人間の健康をサポートしてくれます。しかもおいしく、料理しやすく、上手に買えば安く手に入ります。

牛肉が他の肉よりも赤い色をしているのは、鉄分をたっぷり含んでいるからで、貧血の予防や改善に効果があります。豚肉の特色は、何といってもビタミンB_1が多いことでしょう。これは炭水化物をエネルギーに変える際に欠かせないビタミンで、疲労を回復させる効果があります。

鶏肉にはビタミンAが多く、これは感染症を予防して眼の若さを保つお手伝いをします。さらに、鶏の胸肉に多く含まれるカルノシンは抗酸化力が強く、老化を防止してくれます。

ですから、これら魚、牛肉、豚肉、鶏肉を、一日おきに食べるのが賢い食事といえます。体に良く、おいしく、しかも財布にやさしい。いつまでも若々しく、元気に暮らすための生活の知恵です。

上京したての頃、新宿の肉屋で売れ残りの豚の内臓を、タダでいただいたことがあります。「兄ちゃん、安いだろう」という肉屋のオジサンに、私はポケットの小銭を握りしめて、「バス代しかないから」と答えました。

すると「兄ちゃん、フクシマか？　俺もそうだよ。バス代しかない？　わかった。いいから、持ってけ。痩せて、倒れそうだぜ」といいました。「マンガ描いてる？　そうか。このモツ、明日は売り物にならねえから、タダでいいよ。がんばれよ」と持たせてくれたのです。

私の福島なまりでわかったのでしょう。その夜、私はポツンと灯った暗い裸電球の下で、キャベツと一緒に人の情《なさ》けを噛み締めました。

⑩カレーライス……カレーの神様がくれた2度目の春

妻亡きあと、幼い子どもを抱えて悪戦苦闘していた私に、カレーの神様が2度目の春風を吹かせてくれました。

生きるのがやっとの、貧しいマンガ家暮らしの中、私はラーメンでも、子どもには卵焼きにアジフライと、精いっぱいのご馳走をしていました。助けてくれたのがカレーでした。フライパンに玉ねぎ、じゃが芋、人参、豚ひき肉を入れて、カレー粉から作った永山流カレー。フウフウしながら、親子でご飯にかけて食べました。

ビンボーに強かった子どもは、ニコニコしながら、「とうちゃん、おいしいよ」といってくれました。1週間のうち、夕食にカレーが4回のこともあった。ところがある日、子どもが、「とうちゃん、ボク、お店のカレーがいいな」とつぶやいたのです。

ショックを受けた私は、「じゃ、デパートの食堂で、おいしいカレーを食べよう！」と、とぼしい有り金をポケットに入れ、日曜日に親子で新宿へ出かけたものでした。

その頃でした。現在の奥さんと知り合い、結婚できたのです。ビンボーを少しも苦にしない、東北出身で、マスコミで働く、カレー作りの名人でした。とにかく、明るいのです。

私たち親子の落城寸前のビンボー城に、力強い援軍が入城してくれたのです。

息子も大よろこびで、デパートでカレーライスを食べたいといわなくなりました。大きなじゃが芋がごろん、ごろんと入っていて、辛味の強い、大変にうまいカレーなのです。子連れの売れないマンガ家である私が結婚できるなんて、カレーの神様の計らいに違いありません。親子二人きりの時に描いていた「イラストのご馳走」は食卓から姿を消しました。

そんなわけで、辛いカレーにはたくさんの涙が溶け込んでいます。

夏は摂氏50度にもなる、酷暑のインドで生まれたカレー。インド人が暑さに負けず生き抜き、病気にならないために考えたカレーはパワーのかたまりです。病気を予防する成分がたくさん含まれていて、認知症をはじめダイエットや冷え性、糖尿病、ガンの予防にも役立つといわれています。市販のルーには20〜30種類ものスパイスが配合されていて、漢方の生薬と同じような効果を発揮します。

インド人には認知症が少ない……今や、これは世界の通説ですが、カレーには認知症予防の働きがあるようです。

カレーを食べるとスパイスの影響で脳の血流量が増え、脳内に酸素が行きわたり、頭の回転が良くなって記憶力も高まってきます。認知症の薬は脳の血行を良くしますが、カレーにも薬と同じような効果があるのではないか……と考えられています。

カレーの原料は、植物の葉や茎、根、花、果実などを乾燥して粉末にしたもので、抗酸化成分が含まれていて、免疫力がつくいわば薬膳料理。カレーをたくさん食べれば、必ずカレーの神様があなたの健康を守ってくれるでしょう。

3章　安い、かんたん、体にいい！　永山流食生活のルール

①腸にいい、和食をベースにした食生活をする

「和食は腸にもいい」とよくいわれますが、その理由は、食材としてよく使われる、

①穀物や野菜、海藻などは食物繊維含有量が多い

②みそや醬油、漬物には腸内環境を整え、免疫力を上げる善玉菌を増やす乳酸菌が多く含まれる

からなのです。ですから、和食を食べて善玉菌を増やし、悪玉菌を減らすような腸内環境にしておくことが、健康長寿のためには大変効果的なのです。

わかめがたっぷり入った豆腐のみそ汁や、カブ、人参、なすなどの糠漬け、そして、大根、

里芋、コンニャクなどの煮物も食べるようにしましょう。整腸効果を高める食物繊維と乳酸菌などの生菌がたっぷりとれます。

健康を維持するのに必要な食物繊維摂取量は1日あたり、大人で18～20グラム以上と定められていますが、実際にとっているのは14・3グラム前後。腸を守るために、野菜や海藻をたくさん食べてください。

和食といえば、私など古い人間は、昭和の食生活を思い出してしまいます。

昭和の暮らしは貧しかったけれど、輝いていました。薬もなければ、近くに病院もない。したがって、健康を守る知恵が自然に生まれ、その知恵に守られながら食べた。食生活でいえば、それが腸にいい和食でした。おかげで、老人になっても、死ぬ前日まで畑で働くような強い生命力を持っていた。

それでいて、無性に明るく、よく笑う。

私は子どもの頃に、笑いながら涅槃《ねはん》（煩悩のない極楽）に旅立って逝く老人たちをたくさん見てきました。いい歳のとり方をすると、世を去るときが訪れても、不安などないのだ……と、子ども心に思ったものです。

私は現在85歳ですが、腸にやさしい和食をしっかり食べて、まだまだ元気にしぶとく生きぬき、百歳を迎えたら、笑いながら涅槃に向かいたいと思います。

そして最後の晩餐は和食の華、寿司と決めています。まず青魚のあじ、いわし、さば。次に白身魚のすずき、平目、鯛。終わりはやはり大トロでシメめましょう。渋いお茶を一杯。ガリと、大好きななすの糠漬けも頂戴させてください。やがて満腹で瞼が重くなってきたら、最後にニッコリ笑い、「では、恐縮ですが、ちょっとお先に。どうぞ引きとめないでください」と会釈して、皆様にサヨナラさせていただこうと決めています。

②主食以外の自分流サプリメントを、毎日必ず食べる

食事はご飯やめん類、パンなどの主食と、副菜のおかずから成り立っています。白いご飯が大好きで3食食べる人もいれば、肉系が好みで、肉でお腹をパンパンにして、ご飯はあまり食べない人もいる。人はさまざまです。

健康の基本は、毎日しっかり主食とおかずを食べること。これに尽きるといっていいでしょう。しかし、健康で暮らすために、この主食以外に、さらに自分流のサプリメントを考案して欲しいのです。なぜなら、ほとんどの人は、どうしても自分が好きなものばかり食べがちで、

理想的な食事をしている人は少ないからです。

そこで、かたよった食事、貧しい食事を補うためにも、毎日の食事以外に自分流のサプリメントを考案しましょう。それが優れていれば、高価な食品など食べなくても、十分健康で、医者知らずでニコニコと過ごせるからです。

私の経験からおすすめの、特に効果のあった〝サプリメント食〟は、生姜とニンニク。この二つが、今も85歳の私を支えてくれています。

生姜は万能のサプリメントといってよく、実に役に立ちます。主に香辛料や薬味として用いられますが、辛みの主成分はジンゲロールやショウガオール。どちらにも強い殺菌作用や内臓機能の向上、食欲の増進、さらには発汗作用や血行を促進するなどの働きがあります。

生姜といえば、なじみ深いのが寿司屋のガリですが、あれは生姜の甘酢漬け。

一番知られている効用は発汗作用。体がポッカポカしてきて、冬でも汗が出てきますが、この発汗作用がいいのです。生姜は漢方薬の世界でも重視されている薬草です。

私の場合は、毎日飲む「甘酒」に入れるだけでなく、あらゆる料理に加えています。千切りやすりおろしなど、生姜は永山家にとってなくてはならない健康増進サプリメント。今では料理に生姜が入っていないと、何か物足りません。冬の寒さによる手足の冷え、夏バテからくる食欲低下などに、テキメンの効果があります。

そしてニンニク。とにかく、古くから世界で愛用されてきたこの植物は、「夢の、生涯現役パワー」を与えてくれる、ビンボー人必食のサプリメント。古代からその強力なパワーは知られていて、寺では「葷酒《くんしゅ》山門に入るを許さず」と持ち込み禁止。さらに吸血鬼ドラキュラでさえニンニクを恐れました。

ヨーロッパでは、俗に「貧乏人の万能薬」と呼ばれたそうですが、ビンボー人だろうと金持ちだろうと、ニンニクは利用する人すべてに、そのすばらしい福音を与えてくれます。

19世紀初頭、ロンドンで伝染病が流行したとき、「ニンニクを欠かさず食べ続けていたフランス人牧師だけが疫病にかからなかった」というエピソードも残っています。

健康長寿の基本が、「自然治癒力」にあることはいうまでもありません。病気にならないから長寿だし、病気になっても初期の段階で治ってしまうから、長生きできるのです。まずは、病気にたいする強い免疫力と、強靭な体力・生命力をつけてください。

ニンニクの強い辛さと臭気の素はアリシンで、強力な殺菌力に加えて、気力の回復に役立つビタミンB1の作用を5倍にも、6倍にも高める力があります。最近はガン予防の食べ物として注目されていますね。

かんたんに食べるには、ニンニクの醬油漬けがいいでしょう。薄くスライスしたニンニクを数時間醬油に漬けておくと、手軽にニンニク漬けのでき上がり。そのまま食べてもいいし、野菜炒めやチャーハン、オムレツ、あるいは、細かく切ってみそ汁、ラーメン、うどんなど、何に入れても結構です。とにかく、どんな料理にでも利用可能なのです。

さらに、生のニンニクをすりおろしたり、刻んで料理に加える。これを毎日続けていると、いつの間にか精力がつき、風邪にもかからなくなるからニンニクのパワーは偉大です。

大事なことは、安易に高価な市販のサプリメントを買うのではなく、自分なりに探し、工夫して考案し、毎日必ず食べることです。そして重要なのは、①食べる時間、②食べる量、を決めて守ること。これをせずに、気まぐれに食べても効果は出ません。

ここでは、生姜とニンニクをご紹介しましたが、他にも黒ごま、黒砂糖、クコの実、松の実、ナッツ類、オリーブオイル、ヨーグルト、梅干し、豆乳、甘酒、きな粉、塩麴、あるいはフルーツ類など、探せばたくさん見つかるでしょう。

「俺はハブ酒を飲んでいる」「私は毎日、手作りの野菜ジュースを飲んでいる」「必ず毎日大根おろしを食べている」「手作りのごぼう茶を飲んでいる」でもいいのです。１０５歳で有名な日野原重明医師は、大腸ガン予防のために、毎日オリーブオイルを大さじ1杯飲んでいると聞きました。

古来から、滋養強壮のサプリメントとして愛されてきた食材が数多くあります。それらを財布と相談しながら組み合わせ、体に取り入れ続けるのです。

③四季ごとにぜいたくして、一品、季節の味覚を楽しむ

悲しいことに、今の日本は、金持ちはますます富み、貧しい者はずっとそのまま……という社会に向かっているようです。ビンボー魂の塊である私は負けませんが、人生をあきらめ、絶望してしまう人もいるのではないでしょうか。心配です。

たしかに、毎日安い食品を探すばかりでは、生きている甲斐がありません。気持ちだけでなく、姿かたち、雰囲気にも精気がなくなってくるというもの。

そこで、気持ちまで貧しくならないために、せめて、四季ごとに旬のものを一品ぜいたくして味覚を楽しみ、心にもゆとりを与えましょう。人は気持ちまで貧しくなると、本当のビンボー人になってしまうものです。

野山の自然の中に棲息している野生動物は、旬のものしか食べないのが普通。たくさんあ

るし、味もいい。生きる力を生む豊かな栄養が満ちていることを、本能的に知っています。旬の食べものには生命力が溢れ、動物や人間は、そのエネルギーをいただいて生きてきました。

旬のものは、年に1度の〝巡り合わせ食〟ですから、季節感を食べる気持ちを大切にして、多少高価でも、旬をいただくぜいたくをしましょう。

○**春は筍**……土の中にもぐっている部分の多いものほど、やわらかくて美味。買ったらすぐにアク抜きを。穂先を5センチほど切り落とし、皮の上から包丁目を入れ、米糠と赤トウガラシを2本入れたたっぷりの熱湯で1時間ほどゆでる。煮物、みそ汁、筍ご飯などで楽しむ。

○**初夏は初鰹**……「目には青葉山ほととぎす初鰹」。江戸時代の山口素堂の作品ですが、見事に季節感を表現しています。江戸っ子は無理しても初鰹を食べて、季節の到来を味わいました。江戸っ子と同じように、一点豪華主義でいきましょう。厚切りの刺身を買って来て、ニンニク醤油で頬張るのが野性的でうまい。

○**夏はうなぎの蒲焼き**……土用の丑の日には「う」のつくもの、つまり、うなぎの蒲焼きをしっかり食べて暑気払い。暑さで食欲も出ないときに、タンパク質や脂肪、ビタミンＡ、B_1、B_2、Ｄ、カルシウムなどをたっぷり含む、「土用うなぎ」を食べるという習慣は、実に合理的な生活の知恵。

○秋はさんま……日本人にとって、季節によって「無性に食べたくなるもの」がいくつかあります。秋だったら、脂ののったさんま。旬のさんまの場合、25パーセント前後が脂ですが、これがただの脂ではありません。

物忘れを防ぐＤＨＡ（ドキサヘキサエン酸）に、血液をサラサラにするＥＰＡ（エイコサペンタエン酸）をたくさん含んでいるのですから、うれしくなります。

日本人なら、何はなくても秋はさんま。塩焼きにして、大根おろしをたっぷり添え、腹ごと食べましょう。いただきま～す。

○冬は牛肉のすき焼き……明治時代生まれのすき焼き。

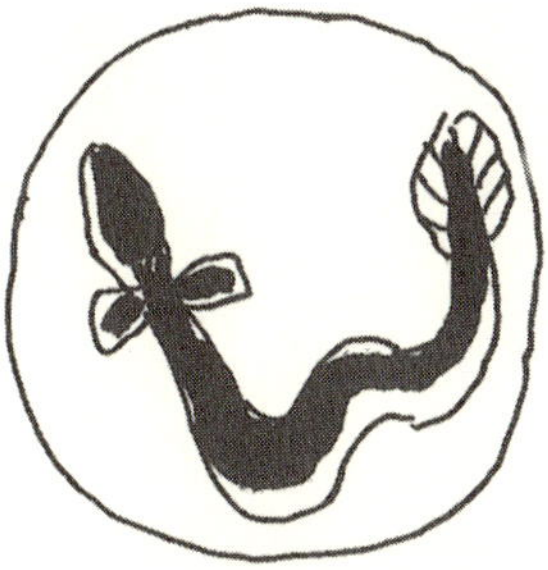

今やスキヤキの呼び名で、和食的な肉料理として世界的な人気です。この鍋料理にも、日本人の知恵が発揮されています。牛肉に糸コンニャクを添えて、醬油味で仕上げたのです。

コンニャクの整腸効果が、牛肉の脂肪を体から排泄する役目を果たし、ヘルシーな牛肉料理になりました。寒い冬の夜などは、牛肉山盛りのぜいたくなすき焼き鍋で、日本に生まれたことを感謝してください。

④「安かろう、悪かろう」は避ける

食べ物あっての、命です。

食べ物の選択一つで、健康状態も変化します。良くもなれば、悪くもなる。つまり、「食べ物が体の状態を変える」のです。したがって、安いからといって、品質の劣悪なものに手を出さないことです。食品添加物をたくさん使用しているものは、なるべく避けてください。輸入品だったら、それがどこの国のものなのか確認する。自国民でも避けるような食べ物かもしれません。国産の安全安価な品を、チラシやネット、あるいは店をのぞいて見つけ出す。いい食品ハンターになることです。

大根だったら、葉っぱつきを買う。葉は葉物野菜として使う。カロテン、ビタミンC、食物繊維たっぷりなのが大根の葉。刻んで油炒めにすると絶品おかずです。ねぎだったら土つきの方が安いし、甘みもしっとりしている。卵の特売日だと、10個入りパックが80円のときもあります。人間、考えれば知恵が出てくるもの。頭と足を使って少しでもいい品物を探しましょう。

余談ですが、いよいよお金が底をついたらどうするか？　私は超ビンボーだったマンガ家時代、東京の空き地で草を摘んで食べました。

ホームレスの方たちだって、草までは食べないのではないでしょうか。おすすめはヨモギ。そうです、あの草餅やヨモギ団子に使われている野草。繁殖力が強く生命力がしたたかな草で、いたる所に自生しています。少し前までは、春になると、川沿いの土手に生えるヨモギを摘む親子の姿を見かけたものです。

ヨモギは天ぷらにすると実にうまい。ヨモギの油炒めも作りました。極貧時代は、この油炒めのおかずだけで1週間しのいだこともあります。

私は若い頃肺結核にかかり、一時は死にそうなほどの病弱人間でした。しかし、草を食べるほどビンボーしたおかげで生命力が甦り、大都会の非情さ、人生の厳しさに鍛えられ、かえって丈夫になりました。そして、しぶとく85歳まで生きぬき、マスコミにほんろうされながらそれを楽しんでいます。

⑤健康で長生きしたかったら、腹七分目の小食を守るべし

健康の基本が「腹八分目」なのは、いまさら書くまでもありません。しかし巷《ちまた》には、もっと食べたい本能を刺激する食品が溢れている。しかし、そんな誘惑に負けて、あれもこれも食べていたら、身の破滅というもの。

最初は物足りないけれど、慣れてくれば体が軽く、体調がいいのに気づきます。それに、若ければ腹いっぱい食べるのもわかりますが、ぽっこりと腹が出た中高年になってまで、あさましく満腹感を求めるようでは、人間修行が足りません。

自動車とエスカレーター社会の現代は、カロリーの消費量が昔とくらべて激減しています。しかしそれでいて、昔より脂っこい高カロリーの料理をたらふく食べているのが現状。とくに、パスタ、めん類、菓子パン、ご飯などの炭水化物系での満腹は、胃にも良くない。血糖値が上がりっ放しになって、糖尿病になる危険性が高くなる。

最近の研究では、「腹八分目」よりさらに少ない「腹七分目」を守ると、体が飢餓状態にあると勝手に判断して、人間の寿命を延ばすといわれている長寿遺伝子「サーチュイン遺伝子」の働きが高まるそうです。

さらには、米国ウィスコンシン国立霊長類研究センターの実験では、アカゲザルをカロリー制限しない組と、30パーセントのカロリー制限をした組に分け、病気や死亡のリスクを調べました。その結果、制限しなかった組は、制限した組より病気リスクが2・9倍、死亡リスクは3倍多かったそうです。

このことから、カロリー制限をした方が、健康で長生きすることが科学的にわかってきました。さらには、食べ過ぎは若年性認知症の原因の一つとも指摘されています。

健康に年をとるためには、「腹七分目」の小食が効果的だといえるようです。いつまでも元気で長生きしている人は、すべてについて「ほどほど」ということを知っている人。

しかし世の中には天邪鬼《あまのじゃく》もいます。「自分は、食べたいものをガマンしてまで長生きしようとは思わない。一度きりの人生、おいしいものを、腹いっぱい食べたい」という人もいるでしょう。この世は自己責任なので、それはそれでいいでしょう。

⑥病気が逃げる、免疫力のつく食品を食べる

風邪をひかず、転ばず、ボケずに過ごすためには、免疫力のつく食べ物を食べることです。しかも、安ければいうことなし。そのための、おすすめの食べ物を紹介しましょう。

一つ目は、黒いバナナ。スーパーなどには、熟成し過ぎて黒っぽくなったバナナが4本100円くらいで売られています。このバナナこそ、免疫力を高めてくれるパワーの持ち主。普通のバナナはまっ黄色で、ツヤツヤしています。しかし、日数がたつと黒いシミが生まれ、黒っぽくなり、安く売られるようになる。

この状態になると、アミノ酸や酵素が増えてきます。とくに酵素は、黄色のときよりも10倍以上増えることがわかっています。

酵素は消化や新陳代謝の働きを高め、内臓の機能向上にも役立つ、健康を保つために不可欠の成分です。人はストレスや加齢によって体内の酵素が減っていくので、現代人はどうしてもこの酵素が不足しがち。そこで、黒いバナナを食べて体内機能を活性化させ、免疫力を向上させましょう。

しかし、黒い部分が半分以上のバナナは、腐っている危険があるので気をつけてください。

もう一つ、免疫力の上がるのが、日本の伝統サプリメント・梅干し。梅干しの酸味のもとは、クエン酸やりんご酸などの有機酸で、昔から梅干しをなめると疲労回復に役立つことが知られています。

梅干しは疲労回復効果だけではなく、殺菌や血液浄化作用、血行促進、老化防止の効果もあり、風邪などを防ぐための免疫力を高めます。安価な梅干しでも効力はそれほど変わらないといわれ、「免疫力」を強化するには最適な食品。ぜひ常備してください。

日本人の半数が感染しているとされるピロリ菌は胃炎を引き起こし、胃ガンの原因になりますが、このピロリ菌を退治してくれるのが梅干しとも言われています。

なお、肉ジャガなどの煮物に梅干しを入れると、煮崩れを防ぐことができます。これは、梅干しに含まれるクエン酸によって、野菜に含まれるペクチンがゼリー化するからです。梅干しは一つで大丈夫。覚えておきたい生活の知恵です。

⑦命を縮め、生きる力を奪う、食べてはいけないもの

安いからといって、考えもせずに、街にあふれている低価格のジャンクフードを食べるの

は危険です。「安物買いの銭失い」という言葉がありますが、「安物買いの健康失い」になりかねません。

ファーストフードや、揚げ物の多いコンビニ弁当、ラーメンなどの高カロリー食品ばかり食べるのは、病気や肥満に向かってまっしぐらに進んでいるようなもの。これらの食品は、高カロリーなだけでなく、食品によっては防腐剤や増量剤などが大量に使われています。食べ続けると頭の回転速度が落ちてきて、職場での競争に負けるかもしれません。

カップラーメン、ペットボトル入りの甘い飲み物、ポテトチップス、スナック菓子など、インスタント食品を食べ過ぎると、ミネラルの亜鉛が欠乏してきます。すると性欲も落ち、睡眠のリズムが乱れ、キレやすくなる。これでは、ひと頃週刊誌などで話題になった「ヘタレ君」になってしまいます。何をするにも無気力な若者のことです。白砂糖の取り過ぎも避けましょう。血糖値の安定をかき乱し、脳の正常な働きを乱す恐れがあるからです。

さらには、脳梗塞や心臓病、動脈硬化などの発症リスクが高まるとして、最近大問題になっているのが、トランス脂肪酸。マーガリンをはじめ、マヨネーズやドレッシング、フライドポテトや白いパンなどを作るのに使われるショートニングに含まれている油脂です。

アメリカやヨーロッパでは規制する国が増えています。トランス脂肪酸への関心が高まり、日本でも、自主的に規制する店も出ているようですが。

とにかく、一人暮らしで料理が下手、面倒くさい。時間がなくてコンビニ弁当やジャンクフードを食べているあなた。面倒でしょうが、ぜひ、一度自分で作ってみましょう。人は食べたものからできています。この本の後半で、安くてかんたんに作れるレシピを紹介しているので、ぜひ挑戦してみてください。

⑧笑って明るく暮らすために、バランス良く食べる

人間本来の生命を維持して、より長生きするには、毎日、ほぼ50種類ほどの栄養成分が必要とされています。

ご飯、野菜、海藻、芋類、大豆類、肉類、魚介類などをバランス良く食べることによって、タンパク質、炭水化物、糖質、脂質、それにミネラルやビタミン、抗酸化成分、食物繊維など、生命維持に必要な栄養が過不足なくとれます。

世界中で、食材の多い国の一つが日本で、その数は1000種以上です。日本は島国で資源に乏しかった。だから、何でも食べなければ生きていけないという事情があったにせよ、

多彩な食材を食べてきたことが結果的に健康維持に役立ちました。日本人は今や、世界トップクラスの長寿民族です。

山のもの、畑のもの、海のものをいただいてきたことで、自然に食材数が多くなりました。山もあれば海もある、日本の風土のおかげといっていいでしょう。

安価で品質のいいものを選び、さまざまな食材を混ぜ合わせて料理する。たとえば、残り物の野菜の切れはし、肉の残り物、ソーセージの食べかけ、カレールーの小片とか、半端に残った牛乳……など、冷蔵庫の乾燥しかけた食材を全部鍋に入れて、スープを作りましょう。

それで、ほぼ完全食の、残り物スープのでき上がり。ビタミンもミネラルも、もちろんタンパク質、脂肪も全部とれます。さまざまな食材の栄養で、これこそ「ビンボーパワー」が充満した究極のスープといっていい。

健康を維持する秘訣は、一つの食材だけにかたよらず、さまざまな食材をバランス良く食べること。高価なものである必要はありません。

「人間、上手に生きるには、すべてにバランス感覚が大事」ということです。

⑨ご飯を最後に食べる「会席料理式ダイエット」のすすめ

ここ数年、私は食事を「会席料理式」で食べています。

会席料理……そうです。まずおかずを食べ、最後にご飯をいただく、あの独特の食事作法ですね。

ご存じのように、会席料理では先に料理を食べ、最後にご飯を頂戴します。料理は前菜、そして吸い物や煮物などの椀物。次に刺身や膾《なます》などの向付。鉢肴の焼き物と焼き魚。炊き合わせ。酢の物か和え物と続き、それを全部食べ終わったらご飯となって、そのご飯もお椀にほんの軽く一膳。上品そのものです。しかし、この上品な食べ順が体にやさしい。

タンパク質や食物繊維などのおかずを何品も先に食べるので、おかずコースが終わる頃には満腹。最後のご飯は自然に少量になります。当然、炭水化物は少なくてすみ、結果としてダイエットにつながる。

最近、炭水化物を食べない「糖質制限ダイエット」という方法が流行しています。しかし、3食完全に炭水化物をぬいたら、脳の機能が低下したり、血管がボロボロになったりしてしまうでしょう。そこで専門医が推奨しているのが、ゆるやかな糖質制限です。

この方法は炭水化物系を少し減らすやりかたで、うまくいくと認知症や寝たきりの予防にも役立ちます。

比較的やりやすいのが、3食食べていた炭水化物を2食にする方法です。ご飯やめん類、パンなどを1食分減らします。この方法なら、ご飯の代わりに肉や魚などを多めに食べればいいので、挑戦しやすい。

ということで、私としてはかんたんで長続きする「会席料理式ダイエット」「炭水化物2食ダイエット」をおすすめします。

そして、口に入れたものはよく噛む。噛むことによって脳の食欲中枢が満たされ、早く満腹を感じるので、食事の量も減り、ダイエットにもなるからです。よく噛むことで顔中の筋肉が動き、表情もイキイキとしてきて若返ります。

また、噛むことで唾液が大量に出ますが、この唾液の働きがすばらしい。唾液の中には老化防止のパロチンというホルモンと消化酵素があるので、ダイエットに加え、アンチエイジングにも役立つからです。

「世界一健康にいい食文化」と賞賛される和食の最大の特徴は、素材が持っている本来の味を損なうことなく、生かして食べるところにあります。このような食べ方をすれば、食材に含まれている栄養成分もそっくりいただくことになり、健康効果も高い。調味料は最小限しか使いません。和食の素材主義の食べ方は、減塩にもつながり、高血圧の予防効果も高くなるのです。

たとえば、繊細な日本食文化の華、刺身。旬の肴を食べやすく切って盛りつけるだけの料理・刺身は、和食の象徴です。切るだけなので、5分もかかりません。刺身は醤油とわさびの薬味だけで食べる食文化で、これが一番おいしく、体にもいい。和食グルメの真髄といってもいいでしょう。

調味料を減らして、素材本来の味を楽しむ。みそ汁でも、煮物、炒め物でも、味つけは最小限にして、それでうまみを感じられる豊かな感性を育てる。後半のレシピ篇で、この趣旨に添ったかぼちゃの水煮を紹介していますから（221頁参照）、ぜひ試してください。かぼちゃ本来の素朴な甘さに感動し、調味料の使い過ぎに気づくはずです。

永山久夫、1週間の食卓

○7月4日（月）

朝早く、玄米パン1枚にチーズ。甘酒1杯、生卵入り納豆、それにブラック・コーヒー。9時に新幹線で大阪へ。講演は13時から。東京駅でカツサンドを買い、車内へ。車内販売でホットコーヒーを求め、早めのランチ。奥さんが持たせてくれた、タッパーに入った高野豆腐の煮物、梅干し、きゅうりの粕漬けを食べる。

講演を終えて、すぐ新大阪へ。駅で奥さんへのお土産に「赤福」を買う。上りの車内でコーヒーを飲みながら、連載の原稿を仕上げる。

自宅での夕食は、豆腐とわかめのみそ汁。豚肉の生姜焼きに、温野菜風キャベツを酢醤油で食べ、たっぷりの大根おろしと高野豆腐の煮物。たくあん。最後に干しエビの入ったエビご飯。寝る前にほうじ茶をいただく。

○7月5日（火）

地方のＦＭラジオ局の１ヵ月分の収録をする日。大江戸線で六本木へ。時間がないので甘酒１杯だけで、朝食抜き。昼に帰宅後、ご飯に生卵入り・きざみ青ねぎ入り納豆をかけたものと、シシャモ３匹。なすの糠漬け。梅干し。

そのあと昼寝するも電話がある。３時の来客を忘れていた。年をとると時々アポイントのミスがおこる。３時に若い女性の編集者二人。練馬名物の大根葉入り大福を「ワッハッハ」と笑いながら一緒に頬張る。酒業界誌の表紙のイラストの依頼だった。最近、イラストの仕事が多くなっている。これはいよいよ、90歳でマンガ家復帰しかない。そう考えると、デビュー間際の新人のように胸がドキドキする。

夕食は鶏肉入りうどん。熱いので冷まして食する。おろしニンニクをドバッと入れる。かぼちゃと人参の煮物、ごぼうのキンピラ、冷やしトマト、高野豆腐の煮物、最後にじゃが芋のみそ汁。新茶をいただく。今日もよく働いたので、お茶がおいしい。ご馳走さま。

ちなみに、女子栄養大学・吉田企世子先生の著書によると、ニンニクはすりおろした10分後に食べるのが正解とか。

○７月６日（水）

東北のテレビ局が取材に来る日。城下町と城主との関係がテーマ。朝は玄米パン1枚とゆで卵二つ。ブラック・コーヒー、甘酒1杯、タレなしの納豆1パック。もう40年来の習慣で納豆を毎日1パックか2パック食べるが、ここまで走り続けてこられたのは、納豆パワーのおかげだと感謝している。

昼は早めにフライパンで、ニンニク入りバターめしを作る。生のきゅうり2本にみそをつけて食す。梅干し1個で、濃い新茶を飲む。夜は残っていたフライパンめしを雑炊にして、きざんだにらと卵1個を入れる。わかめときゅうりの酢の物、小松菜のおひたし、高野豆腐の煮物。デザートに西瓜一切れ。

○７月７日（木）

今日は7がつく日なので、朝食には永山流の七草粥を食べる。お腹のメンテナンスになるので、７・17・27日は「七草粥を食べる日」と決めている。冷蔵庫にあった小松菜、人参、玉ねぎ、しめじ、ねぎ、ニンニクと、お茶碗1杯分のご飯でおかゆを作る。軽い塩味でおいしい。それに甘酒1杯、生卵入りタレなし納豆を忘れずに。今日は黒ごまを大さじ1杯入れる。

納豆は毎日食べるので、そのたびにタレを入れると塩分のとり過ぎになる。だから、永山流ではタレなし納豆。

昼食は焼きおにぎりにさばみそ煮缶。生姜をすりおろして薬味に。梅干し、小松菜入りみそ汁、かぼちゃの煮物。

午後は3時から御茶ノ水駅近くで講演。終了後、主催者の招待で寿司屋へ。あなご、タコ、まぐろなど、久しぶりに腹一杯食す。こんなぜいたくをして、「ビンボー力」が落ちないか心配だ。帰宅後、糠漬けのなすとお茶をいただきながら、久しぶりにテレビを見る。満腹なので頭が回らず、仕事せず9時に寝る。こんなに早く寝たのは珍しい。

そういえば、今日は七夕だった。帰り道に空を見上げるが、曇りで天の川は見えず。子ども時代には笹を持って走り回ったものだ。死んだ妻をしのんで、子どもと一緒に見上げた七夕の夜を思い出す。あの夜も曇り空だった。

○ 7月8日（金）

朝食は例によって玄米パン。チーズ、納豆、甘酒、ブラック・コーヒー。このところ朝はご飯より軽いパンが多い。年齢的に軽いものが良くなってきた。昼はゆでたじゃが芋2個に、バターをつけて食べる。同じくゆでたブロッコリー少量。塩コショウで食す。コーンスープ少々。梅干し。作り置きの高野豆腐の煮物。西瓜一切れ。

夕方4時に来客。あるホテルの弁当の献立制作依頼だった。夕食は近くの行きつけのそば屋へ奥さんと行く。天ぷらそば。糠漬けの漬物をそば湯でゆっくりといただく。久しぶりの天ぷらそばは美味なり。酒豪の奥さんは日本酒の冷酒を楽しむ。帰宅後、大福1個に新茶。今日も、ご馳走さまでした。

○7月9日（土）

9時からレギュラーのラジオ電話出演。もう20年も続いている。ビンボー時代からのトーク番組で、笑いながら進行する不思議な番組。終わってから玄米パンとチーズ、コーヒー、らっきょう3個。恒例の甘酒1杯。生卵入り納豆。

昼はそうめんと、ポテトサラダ。脂ののった大きな目刺し2匹。大根おろし。原稿が締め切りオーバーで、電話で編集者に怒られた。マンガ家時代からの古い知り合いで、年齢不詳。私に負けないぐらいビンボー力が強く、会うたびに「85歳になってその元気さは、永山さんは妖怪です」と冷やかすが、本人もどことなく妖怪的雰囲気あり。ステテコ姿で終日原稿書き。

夕食は納豆巻き2本と、豚肉と千切り大根入りのみそ汁、野菜サラダ、なすの糠漬け、梅干し、高野豆腐を仕事場で食べる。夜遅くまで原稿書き。夜食にカステラ一切れと新茶。

○7月10日（日）

朝一番で九州のラジオ局の電話出演。終わってから遅い朝食。今朝は全粒粉のパン。チーズ、コーヒー、生きゅうりにみそをつけて1本丸かじり。甘酒1杯。生卵入り納豆。昼は塩鮭の茶漬け。なすの糠漬け。ごぼうのキンピラ。梅干し。小豆の煮豆。

夕方、新幹線で高崎へ。一泊して、次の日の午前中の講演に備える。コンビニで納豆巻き3本、ヨーグルトを買ってホテルに入る。持参してきた糠漬け、半熟卵2個、黒い点が出たバナナ1本を合わせて食べる。夜遅くまで原稿書く。

これで
私たち
また
また
長生き
できる
わネ
オッホッホ
ワッハッハア

一食一心Ⅱ　実用レシピ121

──病気知らずの永山久夫が食べ続けている、
体とお財布にやさしい料理

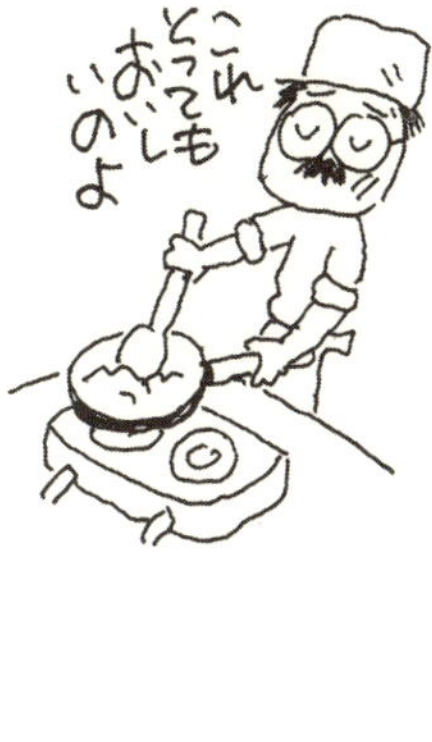

病気知らずの永山久夫が食べ続けている、体とお財布にやさしい食品一覧

人の体は食べものでできていて、毎日の食事が大切です。中国には「医食同源」という思想もあるぐらいですから。

食文化史研究家・永山久夫は若い頃ビンボーだったので、高価でぜいたくな食材は食べられませんでした。しかし、今になってみるとそれが良かったようです。

左頁の表は、永山久夫おすすめの、日本人が昭和の時代に食べてきた食材一覧。もう一度、自分が食べている食材を見直し、健康な食生活を送ってください。

安くて体にいい、
「永山流常食品」を食べていれば、
健康な食生活が送れます。

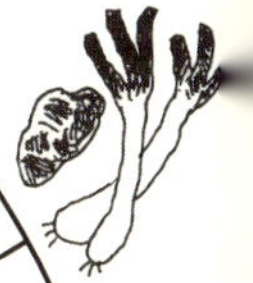

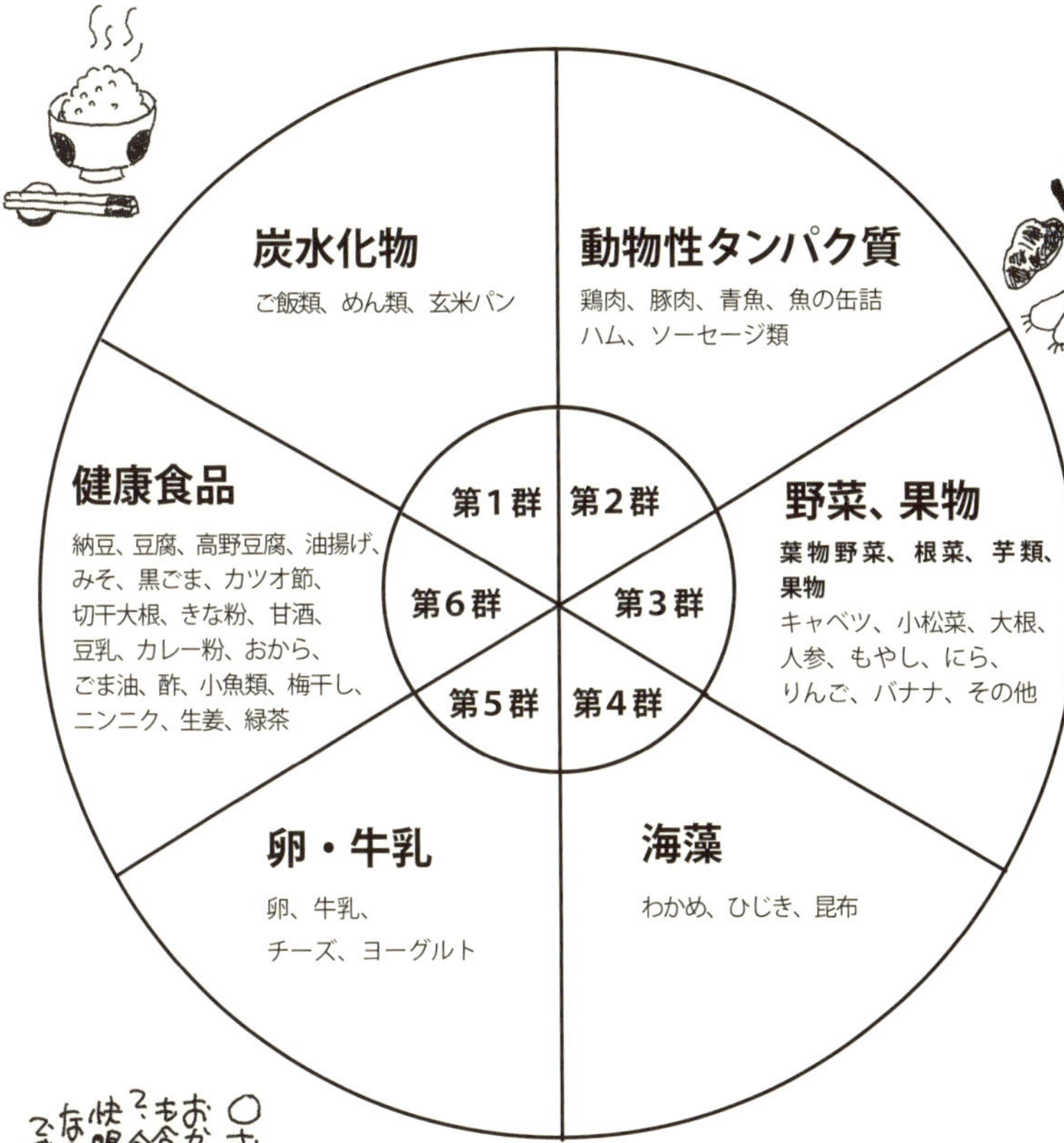

4章　ほっこりご飯でシ・ア・ワ・セ

（脳のために、炭水化物もしっかり食べる）

＊卵かけご飯（日本人の魂のシンプル・フード）

思い出す、昭和の朝の生卵かけご飯

私が子どもの頃の朝ごはんといえば、定番は卵かけご飯か、納豆ご飯。それに、ねぎか、大根千切りのみそ汁と、たくあん。

そうです、昭和17年頃の朝です。

福島県のわが家では、丸いちゃぶ台を、食べ盛りの5人の子どもが囲みました。そして、麦めしの盛られたお茶碗をしっかりと抱え、中学2年の兄がどんぶりに割って入れた生卵1個に、ジャブジャブと醤油をかけてかき回すのを、じっと見つめます。

醤油をたっぷり入れないと、たった1個の生卵は全員にいきわたりません。固唾《かたず》をのんで見守る子どもたちのご飯の上に、兄がスプーンで、少しずつ平等にかけてゆく。麴屋だったわが家の朝は忙しく、朝飯を仕切るのはしっかり者の長男の役目。けなげなものです。

全員にかけ終わると、どんぶりの底に残っているのはかすかな醤油だけ。長男は自分の麦飯をどんぶりに入れ、一気にかっ込みます。たくわんをバリバリと嚙みしめ、しょっぱい大根汁を飲み終わると、子どもたちは、「ワーッ」と学校へ走るのでした。

思えば、今から70年以上前。今よりはるかにビンボーだったけれど、それが当たり前と思えば、苦にもならない時代でした。**分けあって食べることによって、きずなや思いやり、人間としての心が生まれたのです。**映画『三丁目の夕日』のような風景でした。

米と麦で人が活動するためのエネルギーを供給し、完全栄養食の卵で、勉強するためのパワーを脳に送り込む、シンプルな朝飯でした。日本は戦中から戦後へと、**みんなビンボーだったけれどヘコタレず、明日はもっと良くなると信じて働き、勉強していたものです。**

❶卵かけおかかご飯

今や誰もが携帯電話を持っている、情報とスピードの時代。元気で暮らすためには、社会の変化についていける、やわらかい頭でなければなりません。

そんな、やわらかい頭を作るのが卵。卵の黄身には認知症予防の効果があり、脳の情報伝達をすばやく行うパワーだってあります。カツオ節は脳に若さを保つアミノ酸の宝庫。イライラを防いで、安眠をもたらすトリプトファンも含まれています。

材料

生卵1個、カツオ節、醤油、ご飯

作り方のポイント

生卵を割って器に溶き、醤油で好みの味にします。ご飯にかけ、さらにカツオ節をパラパラとトッピング。ハイ、これででき上がり。所要時間は3分ちょっとでした。かんたん過ぎて申し訳ありません。安価こそわれらの武器です。安価に、健康に良い食事をすることです。

❷卵とオクラの千切りかき混ぜご飯

卵の栄養成分を丸ごと活用するために、ビタミンCもとりましょう。そこでオクラ。ビタミンCが多く、それを生かす「生食」ができる点がすばらしい。

さらに、オクラで注目してほしいのが葉酸という成分。加齢による脳の萎縮を防ぎ、認知症予防にも役に立つのではないか、と注目されています。卵は消化吸収にもすぐれた完全栄養食品。記憶力が落ちてきた中高年は、オクラに多いビタミンCと一緒に食べて、頭の回転を良くしてください。

材料

生卵1個、オクラ2本、醤油、塩、ご飯

作り方のポイント

オクラにはうぶ毛があるので、塩をふってまな板の上でゴリゴリ。そのままでもいいが、事前に熱湯をかけると緑色がさえて、特有の青臭みも消去。あとは、洗って細かに刻みネバネバを出すのがポイント。割って器に入れた卵に醤油で味つけ。そこに刻んだオクラを入れて、ご飯にかける。オクラのネバネバには食物繊維や多糖類が多く含まれていて、整腸作用や、胃などの粘膜を守る働きがあります。

❸卵かけ納豆ご飯

ネバネバの納豆に、ツルツルの生卵を混ぜ、これをご飯にたっぷりかけます。嬉しいことにどちらも安く、栄養効果も高いので、われらの強い味方といってもいいでしょう。

だいたい、ネバネバとかツルツル、トロトロ系の食品は安価なものが多い。そして生のまま加熱しないで食べる場合が多く、消化酵素を多く含んでいます。即席というと何となく、工場のラインで生産されたインスタントフード（加工食）を連想しがちですが、それは大誤解です。

働き者の日本人は、歴史的にみても即席の食文化を好むのです。それが3秒の芸術と呼ばれる仕上がりの早い握り鮨であり、他にもとろろ汁、お茶漬け、とろろかけご飯、生卵かけご飯など、すばらしい即席ご飯がたくさんあります。

ネバネバに特徴のある納豆をかけたご飯も、その一つ。

納豆は大和民族のソウル・フード（魂の食べ物）とも呼ぶべき発酵食品であり、発酵によって納豆菌を大量に繁殖させます。そして、その菌ごと大豆を食べるのが納豆なのであります。

キラキラと美しい糸には、愛しの納豆菌がいるのです。納豆菌はスーパーで自分を買い求め、食べてくれた人への恩を忘れません。お腹の中で強い免疫力を発揮して、その人の健康をしっかり守ってくれます。

材料

生卵1個、納豆1パック、醤油、ご飯

作り方のポイント

納豆をかき混ぜる。生卵を入れて、クルクルと混ぜ、醤油で味をつける。みじん切りにしたねぎを入れて食べてもおいしい。納豆ほど安く、アミノ酸の豊富な発酵食品も珍しい。

❹卵かけ海苔《のり》ご飯

生卵のとろみは最高です。手間ひまかけずにそのまま割って、ご飯のおかずにできるのでありがたい。

生卵は健康にいい成分が豊富。ところが、栄養的にはビタミンCと食物繊維が含まれていません。そこで日本人が知恵を働かせて動員したのが、生卵と同じく、そのまま食べられる海苔だったのです。海中で育った海苔ですから、かすかに塩分が含まれていますが、醤油を

たらすと、そのうまみは何倍にも増えます。

海苔の40パーセント前後はタンパク質。その量たるや、牛肉の2倍前後もあるのですから、食べない手はありません。さらに、カロテン、ビタミンB_1、E、K、葉酸の宝庫。カルシウムと食物繊維もたっぷりです。

材料

生卵1個、もみ海苔、醤油、ご飯

作り方のポイント

ご飯に醤油で溶いた生卵をかけ、軽く混ぜておく。好みの量のもみ海苔をかけて、天下無敵の卵かけご飯もみ海苔ちらしの完成です。さあ、サクサクと食べて、厳しい時代を乗り切りましょう。

＊丼めし（早い、うまい、かんたん、のチャンピオン）

丼めしは、えらい。

丼めしは、わが水穂の国の民族が、異常なほどに好んできた即席食です。思い起こせば、日本人は戦後の超ビンボー時代、丼めしを食べてガンバリました。

そして「丼めし」という言葉は、弥生時代から米を食べてきた、日本民族の魂をゆさぶります。丼めしのルーツは武士の「椀飯」で、山盛りのめしのこと。合戦のはじまる前に、椀飯をかっこみ、「オーッ!」とときの声をあげて、敵陣に切り込んで行く。

丼めしといったら、山盛りのご飯のことだったのです。それが平和な時代になると、めしの上に料理をのせるようになる。ところが、これが早くできて美味なるために、江戸の町で大流行します。

代表的なのが、丼めしの上に熱々のアサリ汁をぶっかけた「深川めし」。江戸は深川の海で採れたアサリの身をしょっぱい醤油で煮込み、さっとご飯の上にのせた丼で、これが「早い、うまい、安い」と大ヒット。職人を中心とした、気の短い江戸っ子に支持され、江戸を代表する丼めしになりました。今では深川名物で、江戸下町歩きを楽しむ「江戸ファン」が舌つづみを打っています。

そして丼めしには、日本の食文化の知恵がしっかりと閉じ込められています。

1杯の丼の中に、1回の食事で必要な栄養がコンパクトに、全部とれる仕掛けになっているのが、丼めしの知恵。即席にできて、何よりもうまい。そして安い。「一汁三菜」の献立を一つの丼の中に、「ご飯」「おかず」「汁」と、全部まとめて入れてしまうのが「丼文化」なのです。

日本の食文化が誇る丼めしは、子どもを育てながら働くシングルマザー、料理が苦手な一人暮らしの中高年男性、お金のないフリーターや学生、食べ盛りの中高生、年金生活者などの強い味方です。

なお近頃、「炭水化物のとり過ぎはよくない」「糖質制限ダイエット」などと喧伝され、ご飯を食べない人が増えています。しかし、これは間違いです。米やめん類などの炭水化物は、活動するための重要なエネルギー源。不足すると脳の活動が低下します。脳の認知機能のためにも、ご飯は1日最低茶碗1杯（90～150グラム）は食べるようにしましょう。

❺鶏肉の忍丼《にんどん》（忍者丼）

神出鬼没、早きこと風の如し。主菜の鶏肉には、カルノシンという抗酸化成分が多く、忍者のように体が軽くなる。鶏のひき肉は安価で、財布にも負担軽し。

材料

鶏のひき肉、玉ねぎ、そば粉（小麦粉でも可）、油、醤油、砂糖少々、ご飯

作り方のポイント

鶏肉にごく少量のそば粉をまぶしておく。玉ねぎはざく切り。フライパンを火にかけ、油をひく。鶏肉を軽く炒めてから玉ねぎを混ぜ、ささっと転がしたら、少量の湯をさして汁を作る。醤油と砂糖で味をきめ、汁ごと丼めしの上にたっぷりのせる。そば粉を使っているので、汁にとろみが出てうまい。

❻さば丼

手軽に買えるさば缶を上手に使いこなしましょう。栄養があり、しかも安価。頭の回転を良くする、血流サラサラ成分DHAやEPAもたっぷり。しかも、味もついています。使わ

ない手はありません。手間をかけずに魚を食べられるさば缶。保存食としても常備したい食材で、安く手軽に動物性タンパク質がとれる、おひとりさまの強い味方です。

材料

さば缶1個（小150円前後、みそ味か醬油味）、ねぎ半本（3センチの長さにぶつ切り）、卵1個、豆苗（スプラウト）、ごま油、日本酒、おろし生姜、もみ海苔少々、ご飯

作り方のポイント

火にかけたフライパンにごま油をひいて、豆苗、ねぎを入れ、さば缶を汁ごと全部混ぜる。おろし生姜と卵を入れて、さっとかき混ぜる。少量の日本酒を回しかけて、ひと煮立ちさせたら、丼めしの上にたっぷりとのせ、もみ海苔をパラパラとふりかければでき上がり。サバ缶がみそか醬油味なので、味つけは不要。

❼牛丼

幕末には、すでに牛鍋屋が江戸っ子の人気を集めていて、その汁を丼めしにぶっかけたのが「牛丼」のルーツとされる。私たち庶民の力めし。

フライパンがあれば料理が苦手でもＯＫ。手軽に動物性タンパク質がとれるので、若者だ

けでなく、一人暮らしの中高年にもおすすめの丼です。

材料

牛のバラ肉、玉ねぎ、紅生姜、醤油、砂糖少々、ご飯

作り方のポイント

玉ねぎは半玉を細かく切る。フライパンに水、醤油、砂糖を入れて熱し、そこへ牛肉と玉ねぎを加え、牛肉をほぐしながら火が通るまで煮る。丼めしにたっぷりとのせ、てっぺんに紅生姜を置いてでき上がり。

スーパーなどで安売りの牛バラ肉が手に入ったら、作るべし。

❽卵入り納豆かけ丼

あの粘り気にはいつも魅了されてしまいますが、これがなかなかの猛者。ナットウキナーゼという酵素を含み、血が流れずに固まる血栓を防ぎ、血管を守ってくれる。と聞いたら、これは食べるしかないでしょう。卵＋納豆という、安くて栄養満点の庶民の味方が、あなたの健康に力を貸してくれます。

材料

納豆、生卵、揚げ玉少々、大葉のみじん切り、醤油、ご飯

作り方のポイント

納豆、生卵、大葉、醤油を混ぜて4~5回かき回し、丼めしの上にたっぷりと盛り、揚げ玉をトッピング。大葉を使うのがポイントで、香ばしくなる。

❾豚肉スタ丼

スタミナ丼の略で、豚肉とニンニクをベースにした「ガッツめし」。

材料

豚バラ肉、油、ニンニク、玉ねぎ、なす、その他ありあわせの野菜、醤油、砂糖少々、ご飯

作り方のポイント

フライパンを火にかけ、ニンニク、豚バラ肉、玉ねぎ、なす、その他の野菜などを炒め、醤油、砂糖で好みの味に仕上げたら、丼めしの上に全部のせて完成。かんたんなること5分のクッキングで盛大なご馳走となる。

⑩目玉焼き丼

完全栄養食品の卵と、ビタミンCの野菜を同時に食べるという、嬉しい丼。忙しい人におすすめです。

材料

卵、油、レタス、クレソン、玉ねぎ、醤油、ご飯

作り方のポイント

フライパンで油を熱し、真ん中に卵を割り入れ、まわりに薄切りにした玉ねぎを入れる。箸で玉ねぎをかき混ぜ、卵を裏返す。丼めしの上に目玉焼きと玉ねぎをのせ、醤油を回しかける。さらに、ちぎったレタスとクレソンをのせてでき上がり。

＊永山流フライパン炊き込みご飯

（早い・うまい・便利、男の炊飯料理）

直火炊きのご飯にはかないません。うまいのです。噛めば噛むほど、ご飯のほっこりした甘さが、口の中いっぱいに広がり、体中にパワーが充満するのです。それが、フライパンを使った直火炊きのご飯。早い、かんたん、うまい、便利、安い、そして健康にも良い。なんと6拍子も揃っているのが「フライパン炊飯法」なのです。経験すれば納得してもらえるのですが、炊飯器よりも短時間で炊き上がる。しかも、料亭の炊きたてご飯のようなうまさ。

私がはじめてフライパン炊飯をしたのは、第2次世界大戦の戦時中ですから、もう70年以上も前。12歳になったばかりの頃です。

私は子どもの頃から料理と絵を描くのが好きで、フライパンさえあれば、炊飯だけではなく、お好み焼きから煮物まで作っていました。食材は乏しかったけれども、貧しい気持ちはなく、フライパンさえあれば楽しかった。空想のレシピを考え、それを現実の料理にして妹や弟たちを喜ばせたものです。

自慢ではありませんが、私のフライパン・クッキングは年季が入っています。今でも時々作っていますが、相変わらずうまいのです。味つけ、具材も自由自在。おこげも作れるし、おこげなしも作れます。せっかくフライパン炊飯するのですから、キツネ色のおこげも味わって欲しい。おこげは、味もちょっと濃い目になっていて、とにかく香ばしい。

私が愛用しているフライパンは一人用ですが、二人分は炊けます。直径が21センチ、深さが約4センチ、木製の把手《とって》があり、ふたもついています。一人暮らしの男性にぜひ覚えていただきたい、楽しく便利な料理法です。今回はこのフライパンを使って、炊き込みご飯のかんたんレシピ集です。

☆フライパン炊き込みご飯のコツ（一人分）

①米の量……1合（炊飯用カップで1杯ほど）がいい。炊き上がると、お椀で軽く3杯分の

ご飯になります。

②水切り……米は大きめのコーヒーカップなどに入れ、水を注ぎ、指先でやさしくもみ洗いします。乱暴にしないこと。ご飯がまずくなる。洗ったら（正式には研ぐという）水切りをして、そのまま10分ほど置きます。

③フライパンに入れる……水切りした米、材料（肉や魚、野菜、きのこなど）を全部フライパンに入れ、水加減は米の上、5ミリから1センチ。

④調味料……醤油、酒、砂糖（ほんの少量）は、最初から入れて味を決めておく。レシピによっては、香辛料、カレー粉なども使う。

⑤炊飯……フライパンに材料すべてを入れたら、ふたをしてガスコンロにかけ、最初は強火にする。煮立ったら弱火にして、12〜13分ほどそのまま。なるべく途中でふたを取らない。火を止める前にふたを取り、中を点検。水分がご飯に吸収され、ほとんどなくなっていれば炊き上がりなので、火を止めます。

⑥蒸《む》らし……ふたをしてそのまま5〜6分蒸らしてから、ヘラでさっと天地返しをして水分を飛ばし、味見をし、味が薄かったら醤油などで調整し、ご飯を中央に小山にまとめ、さらに2〜3分おいて完成です。ご苦労さま。

⑦お碗盛り……お茶碗に盛ったら、漬物を添えて食べます。炊き込みご飯には、主食の米飯、主菜の肉や魚、副菜の野菜などが入っているので栄養のバランスも良く、添えるのはスープと漬物だけで十分。つまり、この組み合わせが「永山流・炊き込みご飯セット」であり、これだけで一汁一菜的な要素も含んでいるのです。

⑧漬物も「即席」で作る……材料はビニール袋、塩、醤油、七味トウガラシ、そしてメインとなる野菜。即席漬物に合う食材は、大根やかぶの葉、かぶ、大根、きゅうり、なす、リンゴ、すいかの皮、ピーマン、キャベツ、レタス、白菜、小松菜など。葉物野菜ならほとんどが漬けてうまいし、歯ごたえも爽やかで、ビタミンCや抗酸化成分もしっかりとれます。

キャベツやレタス、サラダ菜だったら手でちぎり、ボウルなどに入れて塩もみするだけ。大葉を加えると風味が出ます。七味トウガラシをふり入れてもいいでしょう。ニンニクを刻んで入れても個性的な味わいとなり、体力もつきます。

ボウルを用いる代わりに、材料・調味料をすべてビニール袋に入れて、手もみしても即席漬けができます。ビニール袋の場合は、破れないようにやさしくもみましょう。

⑪ハムめし

ハムのうまみをご飯の味に生かします。ハムは切り落としの特売品でも十分にうまみパワーが出ます。なにしろ、アミノ酸に加えてビタミンB_1が多いので、ご飯までおいしくなります。

材料

水切りした米1合、切り落としハム3枚、しいたけ1個、人参3センチ。しいたけ、人参ともに細切り。醤油、砂糖、バター

作り方のポイント

水切りした米と具材をフライパンに入れて水加減し、醤油、砂糖を入れて味を決めてから火にかける。最初は強火。煮立ったら弱火にして12〜13分。ふたを取って水の引き具合を見る。水分が残っているようなら、さらに2〜3分弱火にしたあと火を止める。1センチ角のバターをのせ、ヘラで裏返したらふたをし、2〜3分おいてでき上がり。お茶碗に盛り、コショウをふって食べる。漬物を忘れずに。

⑫桜エビ入り人参ご飯

桜エビと人参の赤い色は、どちらも色素成分のカロチノイドで、強力な抗酸化力、つまり、老化の進行にブレーキをかける作用があります。最近では、認知症の予防や目の老化を防ぐ効果がある、と注目されています。カロチノイドの二大食材が入っているのが「桜エビ入り人参ご飯」なのです。

材料

水切りした米1合、桜エビ大さじ3杯、人参4センチの細切り、油揚げ半分の細切り、醤油、酒

作り方のポイント

フライパンに米、具材を入れ、水加減は米の1センチ上ほど。醤油、酒少々で調味する。ふたをしたら最初は強火で加熱し、煮立ってきたら弱火に。そのまま13分続けると、フライパンがプチ、プチと音を立てるので、ふたを取り、ご飯つぶつぶの状態、水の引き具合を確かめて火を止める。そのまま10分蒸らして、炊き立て混ぜご飯のでき上がり。

⑬丸ごと大根炊き込みご飯

昔は「大根めし」というと、米を節約するためのご飯でした。凶作になると、当たり前のように食べられていた、ちょっと物悲しさのこもったご飯です。

しかし、時代は変化し、現在は過食による肥満に苦しむ時代。大根ご飯を正座して味わい、ご先祖さまの苦労をしのぶべきなのです。そうすれば、病気になるほど食べ過ぎたりしないはずです。

大根の葉っぱから尻尾、皮まで全部いただきましょう。ビタミンCや食物繊維をしっかりとって、過食で疲れたお腹を休ませてください。

材料

水切りした米1合、大根の葉、大根の切れ端、大根の皮など、それぞれひとつまみ。油揚げ、みそ、砂糖

作り方のポイント

これまでのフライパン炊飯法と同じ。フライパンに材料を入れ、みそは小さじ1杯、砂糖も少々。水加減は他の炊

飯と同じで米の上1センチほど。最初は強火、その後は弱火にして12〜13分。ふたを取り味を見て、塩気が足りないようなら醤油をたらし、ご飯全体を裏返してふたをし、10分ほど蒸らして完成。

⑭タコの炊き込みご飯

江戸時代、町の若い娘さんたちの好物に、「いも、たこ、なんきん」がありました。つまり、「さつま芋、蛸、かぼちゃ」のこと。タコは噛みごたえがあって、噛むほどにおいしい。さつま芋とかぼちゃはホクホクしていて、ほど良い甘さが好まれたのです。

かぼちゃとタコは、味の相性が良いだけでなく、栄養効果も高い。かぼちゃにはお肌の美しさを保ち、眼の老化を防ぎ、心臓を丈夫にする働きがあります。フライパン炊飯で作ると、タコ、かぼちゃ混ぜご飯は、ほっこりとうまいのです。たまにはぜいたくしてタコも食べてください。

材料

水切りした米1合、かぼちゃ、タコ、醤油、砂糖少々、バター2センチ角、人参3センチほど。かぼちゃは10センチ四方で、細かく切っておく。人参も小口切り。タコはぶつ切りにして、醤油をつけて指先でもみ、味をなじませておく。

作り方のポイント

フライパンに水切りした米と材料を全部入れ、水は米の上1センチ弱まで注ぐ。醤油、砂糖で味も決めてしまう。ふたをして、ガスコンロで強火にかけ、煮立ってきたら弱火にして12〜13分ほど。

中身がパチパチと音を立てはじめたら火を止め、5〜6分蒸らす。次にふたを取り、ヘラで裏返して、ちょっと中高に盛り、バターをのせてもう一度ふたをして、3分ですべて完了。バターが溶けているからよく混ぜ合わせてお茶碗に盛る。白ごまをふりかけるとおいしい。

⑮ニンニク入り豚めし

料理はシンプルなほどうまい。直火炊きの炊き立てご飯がおいしいのが、そのいい例です。フライパン炊飯は、まさにその直火炊き。しかも短時間で炊き上がります。

フライパン炊飯は、肉を使うとご飯の香ばしい甘さがいっそう引き立つ。その代表が「豚めし」です。豚肉の脂肪と肉のアミノ酸が、濃厚なうまみをかもし出し、そこへニンニクの刺激が加わって、天下無二のご飯となるのです。しかも、ご飯にかすかに塩味がついているのでたまりません。

うまいだけではないのです。スタミナもつくので、この「豚めし」は疲れたときに食べるといいでしょう。明日、恋人と会うとか、出張だとか、家族旅行など、体力・気力を蓄える必要のあるときにも、前日食としておすすめです。ニンニクはオイルであぶるので、匂いの心配はありません。

材料

水切りした米1合、豚のバラ肉（3枚）を3センチに切っておく。ニンニク小片を薄くスライス、油、塩、コショウ少々、刻みねぎひとつまみ

作り方のポイント

フライパンにごく少量の油をひき、ニンニクをきつね色になるまで転がす。ニンニクを

別の容器に移し、フライパンの余分な油をキッチンペーパーで軽く除く。そこへ、水切りした米と豚肉、ニンニクを入れる。

水を米の上5ミリほどに入れ、強火に。煮立ったら弱火で12〜13分そのままにし、パチパチと音がするようになったら火を止める。塩、コショウで軽く味をつけ、刻みねぎも加えて、ヘラでかき混ぜ、ふたをして5〜6分蒸らしてでき上がり。

⑯血液サラサラ効果のさばめし

さば缶は節約フードであり、健康食品の優等生です。すでに味つけがしてあり、骨までホロホロとやわらかい。このさば缶の中身を炊き込んだのが、さばめしです。テレビで話題のDHAもEPAもたっぷり。どちらも必須脂肪酸で、記憶力を良くしたり、血液のサラサラ効果でも注目を浴びています。さばめしはうまくて、元気の出るサプリメントのような炊き込みご飯なのです。

材料

さば缶（みそ煮と醤油煮、どちらでも可）、水切りした米1合、みじん切りした大さじ1杯のおろし生姜、なすのぶつ切り3本、ねぎのみじん切り大さじ1杯、砂糖少々、バター1

センチ角、コショウ

作り方のポイント

缶詰を開けてさばを別の容器に取り、そのうちの半分の身をほぐしてから、フライパンの米の上にのせる。味のついた汁も半分ほど注ぎ入れ、なす、生姜、ねぎを混ぜ、砂糖を少し加え、水加減したらふたをする。

強火にして煮立ったら弱火にし、12〜13分そのまま炊くと、フライパンの中からプチプチという音がしてくるので、火を消して味を見る。味が薄かったら、醤油をたらして、ご飯を裏返し、バターをのせて5〜6分蒸らす。炊き上がったらコショウをかけて、ご馳走さん。

米1カップをフライパンで直火炊きする

と、お茶碗で3杯ほどのご飯となるので、食べきれなかったらおにぎりにしてラップで包み、冷蔵庫に入れておく。あとで焼いてもおいしく、お茶漬けにしてもうまい。

＊お茶漬け（お腹に負担のかからない快腸めし）

江戸っ子はお茶漬けが大好きでした。人口過多な都会で生活していると、万事にせっかちになります。急ぎの用事などで時間がとれないようなとき、ご飯に塩鮭をのせて、熱々の番茶をぶっかけて、かっこむ。

漬物も忘れません。

お茶漬けを味わうためのアクセントが漬物なのです。漬物には、急いで食べても消化をそこねないうえに、消化を助ける意味合いもありました。「お茶漬けサラサラ、たくあんポリポリ」は、現代風に考えれば、漬物に豊富な乳酸菌や酵素も一緒にとることによって、腹ごなしを良くするという目的もあったのです。

　江戸っ子流は、朝、仕事に出る前にしっかりご飯を食べ、仕事が終わって寝る前の夕食は、ほとんどの場合お茶漬けに漬物。お腹に負担がかかりません。乳酸菌の働きによって、眠っている間に消化も進み、朝は快腸でした。

　過食しないでシンプルに暮らす。私たちも江戸っ子の美学を見習いたいものです。お茶漬けは、長年の過食で疲れ気味の中高年の腸にピッタリの食事なのです。

⑰ごぼう時雨《しぐれ》

細くささがきにしたごぼうと豚肉のコマ切れひとつまみ、刻み生姜少々をフライパンに油をひいて炒め、日本酒、砂糖、醤油で好みの濃さに。絶品の味で、普段のご飯のおかずとしても楽しめます。

⑱なすみそ茶漬け

なすは縦に四つ割りにし、小口切りにしてフライパンでバター炒め。みそ、砂糖少々で味つけしたら、トウガラシで好みのからみに仕上げます。ご飯にたっぷりかけ、熱めのほうじ茶を注いでください。トウガラシの作用で血行が良くなります。

⑲おかか梅干し茶漬け

梅干し2個の種を取り、ちぎって細かくし、

カツオ節ひとつまみ。それに、小さじほどのみそと砂糖少々を加えてよく混ぜ合わせれば、でき上がり。ご飯の上に白ごまをひとつまみふって、熱々の日本茶を注ぎます。梅干しのクエン酸には疲労回復の働きあり。

⑳天下取りの焼きみそ茶漬け

信長をはじめ秀吉や家康など、天下取りに命をかけた武将たちは、湯漬け（お茶漬け）を好みました。具材はみそにすり生姜、すりごま、カツオ節、それに甘みを加え、鉄鍋に油をひいて焼きながら練ったもの。保存性が高く携帯にも便利なので、合戦場では役立ちました。作り方はかんたんなので、ここ一番というときにしっかり食べて、勝負してください。

㉑油揚げの醤油煮茶漬け

油揚げを細切りにし、同じく細く切った生姜と一緒に鍋に入れ、砂糖、醤油で甘からく煮ればでき上がり。お茶碗に七分盛りしたご飯の上にのせたら、白ごまをふりかけて、熱めのほうじ茶を回しかけていただきます。

㉒煮干しの生姜煮茶漬け

煮干しはほぐして骨を取って身だけにし、熱めの湯を注いで2～3分おき、湯を捨てる。水を切ったら、酒少々をかけてからヒタヒタの湯を入れ、12分ほどおいてから強火にかけます。

煮立ったら細切り生姜を少し入れ、醤油、砂糖を加えて弱火にし、汁がなくなるまで煮しめて完成。粉山椒《こなさんしょう》をふりかけると風味が出ます。冷めると固くなりますが、噛みごたえを楽しめるでしょう。

＊永山流・七草粥のすすめ
（7のつく日は七草粥を食べて胃を休める）

体がだるい、疲れが抜けない、お腹の調子が良くない、と思ったらお粥の出番です。どんなに食欲がないときでも、のどを通るのがお粥。

病気のときも、治療効果を高めるために、まず食べるのがお粥です。お粥の力が回復を早めてくれることを、日本人はよく知っていました。

米から炊いても作れますが、最もかんたんなのがご飯で作るお粥。こちらだと、10分もあれば仕上がります。ミキサーを使えばさらに食感のなめらかな、濃いスープ状のお粥ができます。

お正月にはせり、なずななど、春先の7種類の野菜や野草を炊き込んだ「七草粥」を食べて、大地のエネルギーをもらうと同時に、お腹のメンテナンスをします。これも健康寿命をのばすための、日本人の知恵といっていいでしょう。

せり、なずな（ぺんぺん草のこと）、
ごぎょう（ははこ草）、
はこべら（はこべ）、
ほとけのざ（たびらこ）、
すずな（かぶ）
すずしろ（だいこん）。
春先の七草を食べて、ビタミンCやカロテンなどをしっかりとりましょうね。

七草粥は年に一度、1月7日に食べますが、私は毎月7のつく日を「七草粥を食べる日」と決め、これを「体内メンテナンスお粥」と呼んで、もう10年以上も続けています。月の7日、17日、27日と月に3回食べて胃腸の調子を整えています。月に3回ですから、ぜひ試してみてください。

野菜にはビタミンやミネラル、抗酸化成分、薬効、食物繊維などが豊富に含まれていて、たっぷり野菜を食べることにより、人間が身につけている「健康力」が強化されます。

現在、私は日本人男性の健康寿命（71歳）、平均寿命（80歳）をともに越え、満で85歳になりますが、あと5年は、この多忙でメチャクチャに面白い仕事を続けたいと思っています。どうぞ、一緒に長生きして、人生を愉快に楽しみましょう。

㉓お手軽七草粥

材料

ほうれん草、キャベツ、大根の葉、ニンニク、しいたけ、人参、玉ねぎなどで、7種あれば野菜の種類を問わず。一人分の場合、ほうれん草なら茎を1本。ねぎは3センチ、人

参は2センチという具合に、少しずつでいい。カツオ節、昆布、塩、卵1個、ご飯軽く1杯

作り方のポイント

お茶碗に軽く1杯のご飯を鍋に入れ、同じ茶碗で3杯の水を注ぎ、削りカツオ節と昆布を少し加える。あれば、豚肉の切れ端も2～3枚、だし用に入れる。

強火にかけ、煮立ったら、切り刻んでおいたあり合わせの7種の野菜を一握りほど入れて混ぜる。一吹きしたら弱火にして7～8分待ち、軽く塩味にし、生卵を1個割り入れて混ぜる。これで滋味あふれる、身にも心にもしみる、おいしいお粥のでき上がり。

㉔ 茶粥

幽玄で奥深い味わいのお粥。カテキンが多く、若々しさを保ち、イライラも防ぎます。

材料

ご飯をお茶碗に3分の2ほど、梅干し1個、ほうじ茶大さじ1杯と少々、水を茶碗に2杯

作り方のポイント

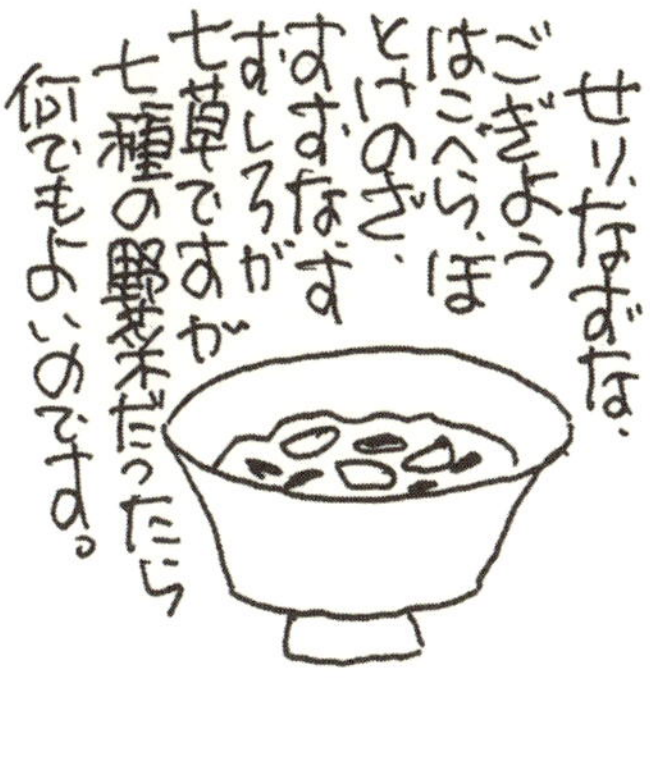

せり、なずな、
ごぎょう
はこべら、ほ
とけのざ、
すずな
すずしろが
七草ですが
七種の野菜だったら
何でもよいのです。

まず、茶葉を急須に入れ湯を注ぐ。ご飯を鍋に入れて、急須の茶を全部注いで、茶碗2杯分の水も入れて強火に。煮立ったら弱火にして、7〜8分ほどしてご飯がやわらかくなったら、梅干しをちぎって入れ、1分ほどおいてから火を切る。ちぎり梅干しのほど良い酸味が、お粥の甘さを引き立てる。

25 かぼちゃのお粥

かぼちゃはカロテンをはじめ、ビタミンC、E、カリウムの宝庫。これを米粒に吸収させ、味を良くして食べるのがかぼちゃのお粥です。

材料

ご飯はお茶碗に3分の2、かぼちゃは50〜60グラムほど、水は茶碗に3杯弱、塩少々、5センチ角の昆布

作り方のポイント

鍋に昆布を入れて水を注ぎ、20分ほどしてから、2センチ角に切ったかぼちゃとご飯を入れ、強火で煮る。煮立ったら

カロテンやカリウムがたっぷりでおいしいのです。

中火で15分ほどおく。かぼちゃがやわらかくなったら火を止めて、軽く塩をふりかけてでき上がり。

㉖肉カレーお粥

豚のバラ肉を用いた、カレー風味でおいしい、頭の回転力向上にも役立つお粥です。豚肉には発想力を高めてくれるビタミンB_1とアミノ酸が豊富で、カレーには認知症予防や夏バテ、冷え防止など、中高年にはうれしい働きがあります。

材料

ご飯をお茶碗に軽く1杯、豚バラ肉50グラム、玉ねぎみじん切り4分の1個、ニンニク小片一つ、カレー粉少々、水お茶碗3杯、薬味としてねぎ2センチをみじん切り、油、塩少々

作り方のポイント

鍋に軽く油をひき、みじん切りにしたニンニクを転がし、玉ねぎをいため、細切りにした豚肉を混ぜる。味をしみ込ませたら、ご飯と水を入れて強火に。煮立ったら弱火にし、塩味をつけてカレー粉をふり入れ、さっとかき回し、ねぎを散らすと、香り立つカレーお粥の出現。

27 人参お粥

色鮮やかなオレンジ色のお粥で、ガンなどさまざまな病気に対する免疫力を上げてくれます。美肌の強い味方となるカロテンの宝庫です。

材料

中太の人参10センチほど。よくすりおろしておく。ご飯お茶碗に軽く1杯、バター2センチ角1個、水お茶碗に2杯半ほど。塩少々、三つ葉

作り方のポイント

ご飯とすりおろした人参を鍋に入れ、水を加えて強火で煮る。煮立ったら弱火にして、10分ほどしたらバターを加えて火を止める。塩で味をととのえ、2〜3分蒸らしてでき上がり。器に盛ったら、三つ葉の葉をみじん切りにしてふりかけ、ご馳走さま。

28 牛乳のお粥

日本人は世界有数の長寿民族ですが、問題もあります。その一つは平均寿命ほど健康寿命がのびていないこと。そしてもう一つは、慢性的なカルシウム不足です。骨がスカスカになってしまう、骨粗鬆症が多いのです。これを予防するためには、カルシウムをとることが大事。

牛乳に多く含まれ、体への吸収率もいいので、積極的に飲みましょう。

材料

ご飯をお茶碗に軽く1杯、牛乳をお茶碗に1杯、水をお茶碗に1・5杯、黒すりごま小さじ1杯、みそ小さじ1杯

作り方のポイント

ご飯、牛乳、水、ごまを鍋に入れて強火にかけ、煮立ったら弱火にする。10分ほどしたらみそで好みに味つけして、2~3分なじませてから食べる。ごまにはビタミンB_1、E、葉酸、カルシウムがたっぷり。

＊おにぎり（日本人の知恵が凝縮したシンプル携帯食）

おにぎりは、昔はおむすびと呼ばれました。

古来、おむすびは「お結び」であり、生命を強く結ぶ、という意味があったのです。おむ

すびにすると、茶碗のご飯とは別物となり、おいしさが加わってくる。おむすびは小さな宇宙であり、大自然の力を小さなドームの中に秘めてしまう、生命を強化する祈りに他なりません。

2千年前に弥生人が三角おむすびを作り、平安時代には官人たちが、屯食《とんじき》という卵形のおむすびを作って、正座して食べたものです。

そして、おむすびが秘めた宇宙パワーをいただいたのが、合戦の最前線で戦った戦国時代の武士でした。いつの時代でも、最前線で戦う者たちのエネルギー源は、ご飯を握り固めた「おにぎり」だったのです。

米の奥深いうまさが、これほど簡潔に、安価に表現できるライス料理は他にありません。冷たくなってもおいしいのです。冷たくなったおにぎりは、米に含まれているレジスタントスターチという食物繊維のような働きをする成分が腸を刺激して、お通じを良くし、腸を元気にしてくれます。

熱いご飯を両手で握るだけ。3分で完成です。シンプルなおにぎりをベースに、具、あるいは外側の添え物、トッピングなど、何をつけても自由自在。楽しくて、うまくて、力をくれるライスボールは、われら昭和世代のヒーローなのです。

㉙梅肉おにぎり

心に響く、シンプルで奥深いおふくろの味わい。若い頃、夢をかかえて上京する列車の中で食べた、塩味の大きなおにぎり。塩おにぎりには故郷の思い出がつまっています。

材料

茶碗1杯分の温かいご飯、梅干し、カツオ節ひとつまみ、醬油、5センチ角の海苔2枚、塩

作り方のポイント

梅干しの種を除き、梅肉を小皿にのせ、カツオ節と醬油一滴をたらして混ぜ、お菜を作る。両手を水で軽くぬらして、手のひらに軽く塩を塗る。左手にご飯をのせ、梅肉を中に入れて、自分の好みの形に握り、両面に海苔を貼りつけて握れば完成。渋めのお茶でも飲みながら、しんみりと味わう。

30 おかかおにぎり

香り立つ、バター焼きおかかの香ばしさがたまりません。この永山流おかかの作り方はかんたんで、とにかく美味なのです。うま過ぎて過食の恐れもあるので、食べ過ぎないように。

材料

おかか（カツオ節）ひとつまみ、バター1センチ角、醬油、茶碗1杯分の温かいご飯

作り方のポイント

フライパンを火にかけ、バターの半溶け状態のところへカツオ節を入れ、醬油一滴（厳守）をたらし、さっと2〜3回かき混ぜてでき上がり。10秒前後で仕上げないと、黒こげになるので注意。これをご飯に混ぜて握ると、絶品の「おかかおにぎり」の誕生。

31 小おにぎりの甘みそ塗り

一口サイズの小おにぎり。両面に甘みそを塗って、頭の回転をなめらかにするパワーもとれます。女性向けの、気のきいたおにぎりです。

材料

油、みそ、すり白ごま少々、みじん切りにした生姜少々、砂糖、温かいご飯

作り方のポイント

フライパンを火にかけて油をたらし、みそ、白ごま、生姜、砂糖を加えて好みの味に練り上げ、甘みその完成。一口大のおにぎりを作り、両面に甘みそを塗る。甘みそには、頭の働きを良くする成分が含まれている。

㉜定番鮭おにぎり

塩鮭は弁当のおかずとともに、おにぎりのお菜としても定番。ご飯と味の相性がいいだけではなく、健康にも良いからなのです。鮭の切り身の赤い色素には、認知症予防や、脳を活性化する物質が含まれていて、大葉を加えるとビタミンCやカロテンもとれます。

材料

塩鮭、大葉のみじん切り、温かいご飯

作り方のポイント

塩鮭は焼いて、温かいうちに身をほぐして小骨を除く。皮は美味なので、細かく切っておく。大葉1枚はみじん切りに。材料をご飯に混ぜ、好みの大きさに握ればでき上がり。

＊カレーライス（夏バテ、冷え、認知症予防の薬膳料理）

明治5（1872）年に、戯作者であり新聞記者でもあった仮名垣《かながき》魯文《ろぶん》（1829〜1894）が書いた『西洋料理通』に、カレー料理の作り方が出ています。

日本ではじめてカレーが作られた頃のレシピで、とろみを出すために、カレー粉に小麦粉を混ぜて作りました。

実はこの作り方は、昭和39（1964）年の東京オリンピックの頃まで、カレーの主流として続いていたとろりとしたカレーで、濃厚なうまさがありました。これがおふくろの味を象徴する「昭和カレー」で、その後、ワンタッチカレーと呼ばれる固形ルーの時代となり、現在に至っています。

カレーは日本人の国民食として愛され、定着していて、最近は薬膳料理としても注目されています。薬効の高い香辛料がたくさん含まれていますが、市販のカレールーを使うときでも、カレー粉やニンニク、

生姜、トウガラシなどを追加すると、さらに薬膳効果の高いカレー料理ができるでしょう。

かんたんに作れておいしいカレー。スタミナが落ちたとき、気力や記憶力が衰えているなと感じたときなど、インド人もびっくり！　するぐらいこまめに食べましょう。スタミナを倍増し、物忘れや認知症などの予防にも役立ちます。冬の寒さ、夏の暑さに負けず元気に過ごすために、ぜひ積極的にいただいてください。

㉝さば缶カレー

このところ、高齢者の増加とともに注目されているのが、青魚に豊富なＤＨＡやＥＰＡなどの成分。これらには、記憶力を高め、動脈硬化や心筋梗塞などのリスクを減らす働きがあるからで、安くておいしいさば缶にはたくさん含まれています。

さらに、「さば缶はカルシウムの宝庫です」と医師がいうぐらい、さばの骨に含まれるカルシウムがとれるのがさば缶なのです。缶詰の汁を丸ごと利用して、栄養たっぷりのおいしいカレーを作ってください。

材料

さばの水煮缶詰、カレー粉、小麦粉、玉ねぎ、人参、残りの野菜があったらみじん切りにして使う。油、砂糖少々、生姜、ご飯

作り方のポイント

玉ねぎ、人参は薄切りに。残り物の野菜、生姜はみじん切りに。鍋（フライパンでも可）に油をひき、玉ねぎ、人参、野菜、生姜を入れ、5分ほど炒める。缶詰のさばを汁ごと加えてかき混ぜ、ヒタヒタに水を差し、砂糖を加え、さらに30分ほど弱火で煮る。

大さじ1杯の小麦粉を丼に入れ、カレー粉も混ぜて、水でトロトロにする。これを鍋の中に回し入れて混ぜると、とろみが出てきて全体がカレー色となり、完成。皿に温かいご飯を盛り、たっぷりかける。

添え物も手作りで。大根を刻んでビニール袋に入れ、塩少々と粉トウガラシを入れてよくもむと即席漬物のでき上がり。カレーに添えて食べる。

34 チキンカレー

鶏の胸肉にはカルノシンと呼ばれる成分が多く、疲労や病気の原因となる細胞の酸化を防ぎます。ビタミンAの含有量も多く、風邪に対する予防効果も期待できるので、カレースパイスと一緒に食べて、免疫力を強くしましょう。

材料

鶏胸肉のぶつ切り、カレールー、玉ねぎ、じゃが芋、人参、コショウ、塩、ニンニク、油、ご飯

作り方のポイント

一口大にした鶏肉にカレー粉かカレールー、コショウ、塩少々をふりかけ、手もみして下味をつける。玉ねぎは細切り、じゃが芋、人参も一口大。鍋に油をひき、みじん切りにしたニンニクを転がして味を出し、次に鶏肉を軽く炒め、続いて野菜を全部入れ、ヒタヒタに水を差して30分ぐらいコトコトと煮込む。

材料がやわらかくなったら、カレールー1個を削って入れ、味をなじませてでき上がり。味が薄かったら、追加のルーを削り入れて調整。ご飯を皿に盛り、手作りチキンカレーをたっぷりかければ完成。

㉟豆腐カレー

豆腐はホワイトミート（白い肉）と呼ばれるほど高タンパク質食品であり、女性の若さを保つイソフラボン、イライラやストレスを防ぐカルシウムがたっぷりです。

材料

豆腐半丁（木綿豆腐）、ひき肉（豚でも牛でも可）、玉ねぎ、人参、ほうれん草、生姜、油、カレー粉、生卵1個、ご飯

作り方のポイント

豆腐はシンプルなので、ひき肉、カレーの味によく合います。玉ねぎは細切り、人参は一口大、ほうれん草はざく切り。鍋（フライパンでも可）に油をひき、刻み生姜を転がして熱を通したら、ひき肉と野菜を入れて炒める。さらに、ヒタヒタの水を注いで30分ほど煮る。

人参がやわらかくなったら、カレー粉を入れて溶かし、2センチ角に切った豆腐を入れ、さっと混ぜてグツグツと2〜3分煮る。味見をして、味が薄かったら醬油をたらして調整。仕上がりに生卵を割って真ん中にポトリと落とすと、栄養もカンペキ。

わが国も
文明開化となり
今じゃ
ライスカレー
が人気で
ございます。
カレーは
薬膳料理といって
とっても 体にも
脳にも
よいので
ごス。

36 一食一心カレー

野菜や果物は、畑から集荷されてスーパーに並び、買われて家庭の冷蔵庫や台所へ。もともとは、呼吸し、光合成し、水分を畑の根っこから吸い上げ、細胞分裂をくり返しながら大きくなり、生きていたものです。

たとえ切れはしや、しなびてしまったほうれん草でも、すべて使い切ってあげないと申し訳がありません。食に心を込める。だから「一食一心」なのです。

材料

台所、冷蔵庫にある野菜の切れはし、しなびてしまったしいたけ、人参、にら、固くなってしまったチーズなど、何でもOK。プラス卵1個、油、カレー粉、みそ少々、バターかごま油、ご飯かパン

作り方のポイント

しなびてしまったほうれん草や小松菜などは、冷水か氷水に30分くらいつけておくと元気が出てくる。しかし、つけ過ぎるとヘナヘナになってしまうので注意。葉物はもちろん、人参、しいたけ、なす、トマト、大根の切れはし、固くなってしまったチーズ、残り物の肉、魚肉ソーセージ、油揚げ、わずかに残った牛乳など、すべて使い切るのが「一食一心」流。

ビタミンCから食物繊維までがたっぷりの、「薬膳カレー」といってもいい。
鍋かフライパンに油をひき、細かく切った材料をすべて入れ、水を加えてコトコトと30分から40分煮込み、カレー粉かカレールーを入れ、うまみを出すためにバターかごま油を加える。そして、仕上げに卵を割って混ぜれば完成。ご飯にもパンにもよく合い、免疫力も上がる。

37 ツナのドライカレー

ツナ缶一つあれば、あっというまにおいしいドライカレーができ上がる嬉しいレシピ。市販のカレールーに頼らず、カレー粉を使って作ります。

材料

ツナ（オイル漬け缶詰小1個）、玉ねぎ、ピーマン、人参、生姜、ニンニク、カレー粉、ウスターソース、塩、コショウ、ご飯

作り方のポイント

玉ねぎ、人参、ピーマンはみじん切り。フライパンにツナをオイルごと入れ、さらにす

り下ろした生姜、ニンニクを汁ごと加える。フライパンを火にかけ、そこにみじん切りした野菜とカレー粉を加えて、混ぜながら炒める。ウスターソース、塩、コショウで味をととのえ、ご飯にかけてでき上がり。

38 豚肉コマカレー

最後にご紹介するのは、おいしくてスタミナがつく豚肉カレー。子どもの頃、お母さんが作ってくれた思い出がありますね。いわば「お袋のカレー」です。

材料

豚コマ肉、玉ねぎ、じゃが芋、人参、ニンニク、生姜、カレールーかカレー粉、塩、油、ご飯

作り方のポイント

玉ねぎは縦半分の薄切りにする。食べやすい大きさに切ったじゃが芋と人参、みじん切りのニンニクを、油をひいたフライパンで炒める。さらに豚肉を入れて炒め、最後に玉ねぎを加える。食材を除いたフライパンに、カレールーかカレー粉を入れ、水少々で溶き、熱し、とろみを出す。最後に食材全部を入れて軽く炒めれば、でき上がり。

＊めん類（こよなく日本人に愛される、第二の主食）

㊴小松菜入り厚揚げうどん

材料

ゆでうどん、厚揚げ、小松菜、めんつゆ、三つ葉、七味トウガラシ

作り方のポイント

小松菜は3センチ幅、厚揚げは食べやすい大きさに切る。めんつゆが沸騰したら小松菜の茎と厚揚げを入れ、強火で2～3分煮る。うどんと小松菜の葉を加え、さっと混ぜたら器に盛り、三つ葉をちらして七味トウガラシをふる。

❹⓪豚肉カレーうどん

材料

冷凍うどん、豚コマ肉、小松菜、人参、ねぎ、カレールー、牛乳

作り方のポイント

冷凍うどんはレンジで戻す。小松菜・ねぎは3センチ、人参は4センチの短冊切りにする。鍋にカレー粉と豚コマ肉を入れて水を加えて煮る。肉がやわらかくなったら、野菜、うどんを入れ、最後に牛乳1カップを加えてさっと煮立てる。

❹①一食一心流・豚肉と野菜の焼きそば

一食一心流・豚肉野菜炒め（147頁参照）の「焼きそば」版です。丼に入っためんの上に、豚肉野菜炒めをのせればでき上がりという、かんたんなおひとりさま向け料理。めんはうどん、ラーメン、どちらでもお好みで。

5章　動物性タンパク質は、安価な豚肉と鶏肉で

＊豚肉（ビンボーなんか笑い飛ばす、パワーの源）

正直に告白すれば、現在の私があるのは豚肉のおかげです。食文化史研究家・永山久夫は、命を授けてくれた両親と、豚肉によって形作られました。

豚肉には遠い日の、ほろ苦い青春の思い出がしみ込んでいます。

思えば数十年前、福島の田舎から上京してマンガ家をめざし、空腹を抱えながら作品を持って出版社を訪ねた極貧時代

……私が生きのびることができたのは、安くておいしく、栄養たっぷりの豚肉のおかげなのです。

若かったその頃、大盛りめしで満腹にはなっても、やはりどこか物足りない。肉が食べたい。口下手な、田舎の若者がおしゃれな都会の娘を口説くには、脂っこい、ボリューム満点の肉を食べて、肉のパワーで、ワッとぶつかっていくしかありません。

やせて、ひょろりと背ばかり高い青年は、夢と食欲を持てあましながら、東京の空の下で安い豚肉を食べてがんばりました。

スーパーの特売で見つけた、脂身ばかりの豚のコマ切れ。池袋の怪しい食堂でガツガツと食べた正体不明のホルモン焼き。それでも、私にとっては夢のような肉食でした。まだ、安い輸入牛肉がなかった時代。国産の牛肉は金持ちの胃袋におさまり、ビンボー人には高嶺の花。ステーキなどは夢のまた夢でした。

東洋の豪傑たちは好んで豚肉を食べ、天下を取りました。中国秦の始皇帝、高祖劉備、三国志の天才・奇才たち、そして、薩摩の西郷隆盛や大久保利通。みんな豚肉を食べて革命を成し遂げたのです。

特に薩摩の黒豚はうまく、徳川幕府最後の将軍、徳川慶喜が大好きだったそうですが、仇《かたき》の食べ物が好きだとは武士の風上にも置けません。しかし、人は食べ物にはあさましく、それが人間の悲しいところ。

まあ、それはさておいて、豚肉は古くから**滋養強壮や疲労回復の食べ物**とされ、また**脳の働きを活発にする**といわれてきました。豚肉にはビタミンB1をはじめとする**ビタミン群が豊富に含まれている**からです。

高価なステーキやうなぎを食べなくても、**安くて栄養がある豚肉で十分**。「肉を食べる人は元気」といわれますが、なにも高価な牛肉を食べることはありません。この先の見えない時代、安くて栄養がある豚肉を味方にしましょう。豚肉にお世話になった私がいうのですから、間違いなし。ぜひ豚肉を食べて、いつまでも若々しくいてください。

42 白菜と豚肉の炒めもの

冬の寒さが深まるにつれておいしくなるのが白菜。その安くなった白菜をザクザク切って、栄養豊富な豚肉と炒めます。白菜からはたっぷりのつゆが出て、豚肉とよく合うのが嬉しい。

材料

白菜4分の1株、豚コマ肉、えのき、ねぎ2分の1本、油、醤油、酒、塩、酢小さじ1

作り方のポイント

白菜は食べやすくザク切り。豚肉も食べやすい大きさに切る。えのきはそのままで、ねぎはみじん切り。鍋で油を熱し、豚肉を炒め、醤油と酒で味つけする。そこに白菜を加えて豚肉とよく混ぜ合わす。白菜がしんなりしたら、えのきとねぎを入れて、酢と塩をふりかけて、ざっと混ぜ合わせて完成。

熱い白菜をフウフウしながら食べる。最後には、白菜から出たうまみ汁も全部飲み干す。

㊸豚肉と大根の炒めもの

冬を代表する野菜、大根。寒さが厳しくなるほどみずみずしく、やわらかくなり、ほっぺたが落ちます。旬の大根と豚肉を炒めると、大根のほっくりした甘みと豚肉のとろりとした脂がからみ合い、うまくてたまりません。

材料

大根2分の1本、豚コマ肉、砂糖、醤油、ごま油

作り方のポイント

大根を厚さ3ミリのイチョウ切りにする。熱したフライパンにごま油をひき、大根を炒める。焼き色がついたら別の皿に取る。次に豚肉を炒め、そこに大根を戻して醤油と砂糖を加え軽く炒め合わせれば完成。お好みでコショウや、パセリのみじん切りをふりかける。

44 豚肉の生姜焼き

豚肉といえば生姜焼き。私もずいぶんお世話になりました。生姜の香りが食欲をそそり、極貧時代はファンだったものです。ぜひ、一度は自分で作ってみたい料理の一つ。挑戦してみてください。かんたんです。

材料

豚ロース、キャベツ、醤油、油、砂糖、酒、生姜

作り方のポイント

醤油、砂糖、酒、おろし生姜を混ぜて器に入れ、そこに豚ロースをひたしておく。油をひいて熱したフライパンで豚肉を焼く。そこに残った汁をかけ、鍋をゆすりながら焼き上げる。キャベツの千切りを添える。生姜の量は好みで。

豚《ぶた》

○ヒレ肉
肉質がきめこまかくやわらか。ビタミンB_1が多く、疲労回復やイライラの防止に効果がある。

○とんそく
コラーゲンがたっぷり含まれており、ビタミンCの多いフルーツといっしょに食べると、美肌効果がいっそう高くなりますよ。

○レバーなどの内臓肉
内臓にはビタミンB_1をはじめB類が多く、疲れた時に食べると効果がある。レバーにはビタミンAがとくに多く、風邪などに対する免疫力をアップする上で効果がある。もつ煮込みなどで楽しみましょう。

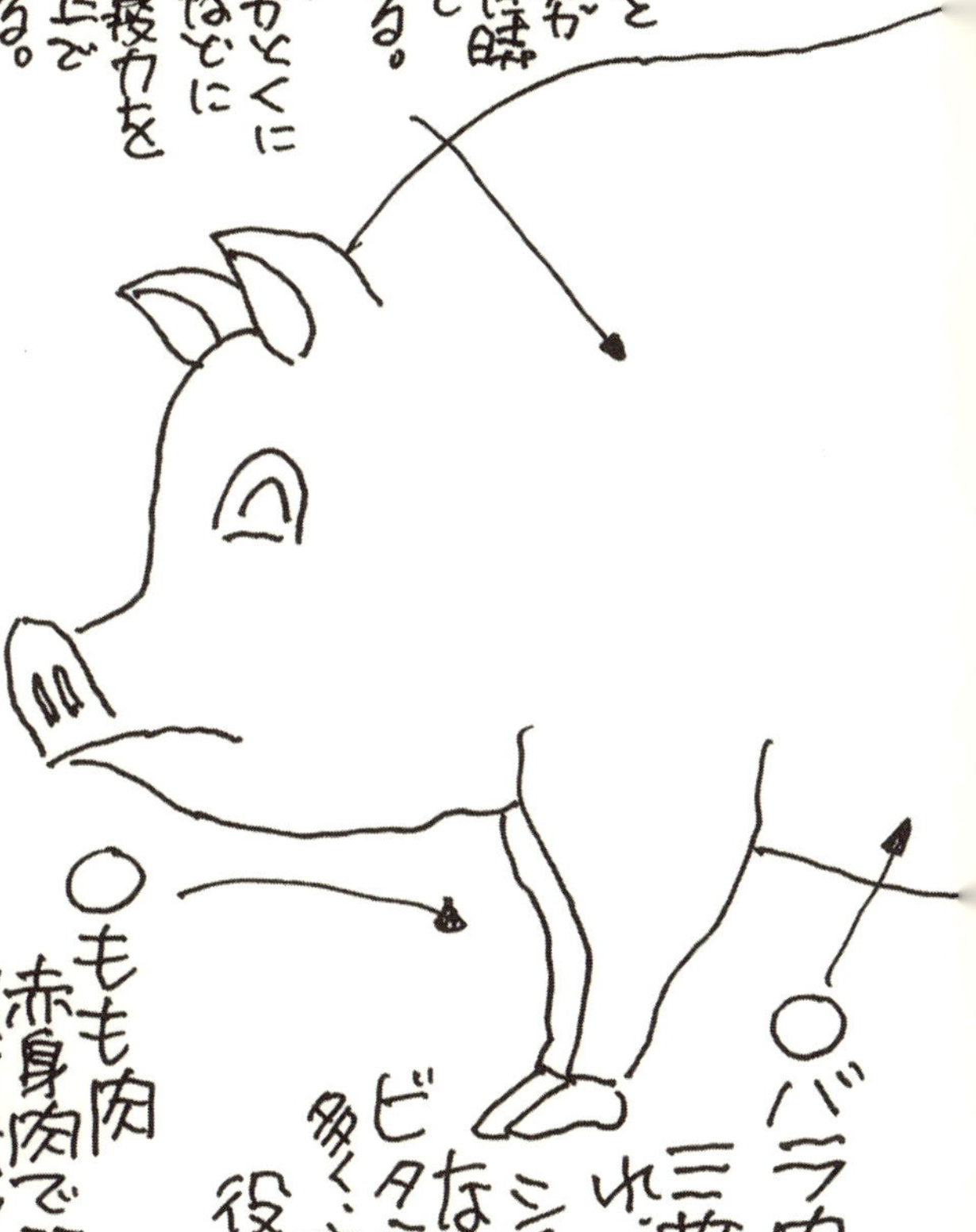

○バラ肉
三枚肉とも呼ばれ、角煮やシチュー、カレーなどにする。ビタミンB_1やEが多く、疲労回復に役に立つ。

○もも肉
赤身肉で脂肪が少ない。良質のタンパク質が多く、老化を防ぐ。ビタミンB類やEが多く含まれている。

㊺豚肉の玉ねぎのせ

豚肉で、玉ねぎを包んで食べます。ただ混ぜて一緒に食べるよりも、おいしくなるから不思議です。

材料

豚ロース、玉ねぎ、油、コショウ、酒

作り方のポイント

豚肉を筋切りする。縦半分を薄切りにした玉ねぎを、油をひいて熱したフライパンで色がつくまで炒め、皿に取る。フライパンにもう一度油をひき、豚肉の両面を焼く。最後に玉ねぎと豚肉を合わせて軽く炒め、コショウ、酒をふる。皿に豚肉を盛り、その上に玉ねぎをのせる。豚肉で玉ねぎを包んで食べるとおいしい。

㊻豚肉と小松菜のさっぱり炒め

1年中ほとんどある小松菜と、豚もも肉の炒め物。かんたんで、いつでも作れて、食べごたえのある料理です。小松菜はカルシウムが多く、骨がもろくなる中高年必須の野菜。

材料

豚もも肉、小松菜、醤油、酒、砂糖、油、コショウ、片栗粉

作り方のポイント

豚もも肉は食べやすい大きさに切り、片栗粉をまぶしておく。小松菜を4～5センチに切り、茎と葉を分ける。油をひいて熱したフライパンで豚肉を炒め、肉に火が通ったら、小松菜の茎、葉の順に炒め、調味料で味をつける。葉物野菜はまず茎、次に葉を炒めるのが基本。

㊼豚コマ肉の肉豆腐

噛みごたえのある豚コマと、汁がしみ込んだやわらかい豆腐。二つの相性に驚きます。豆腐と豚コマで植物性、動物性タンパク質をたっぷりとってください。寒い冬の夜などにうれしい料理です。

材料

豚コマ肉、豆腐1丁、ねぎ、醤油、砂糖、酒、だし（市販の和風だしつゆか和風顆粒だし）

作り方のポイント

豚コマは食べやすい大きさに切る。豆腐を4〜6等分に切り、ねぎは細かく刻む。鍋に豚コマ、豆腐、だし、調味料を入れて中火で煮込む。煮汁が2分の1になったら火を止めて器に盛り、ねぎをトッピング。

㊽豚肉と切干大根の炒めもの

切干大根と豚コマ肉を炒めると、これが意外に合うのをご存じでしょうか。シャキシャキした大根と肉の感触が口の中でコラボレーション。切干大根にはカルシウムが多く、豚肉には老化防止のビタミンB_1が豊富に含まれています。材料費が安くて、栄養満点の頼もしい料理です。

材料

豚コマ肉、切干大根、醤油、砂糖、油、白ごま

作り方のポイント

水に漬けて戻し、水を切った切干大根を、油をひいたフライパンで炒める。そこに豚コマを加え、二つを混ぜながら醤油・砂糖で味つけして、さらに炒める。切干大根のシャキシャ

キ感が大事なので、炒め過ぎないのがポイント。皿に盛り、白ごまをふりかけていただく。

49 一食一心流・豚肉野菜炒め

冷蔵庫にある野菜を使います。残り物の野菜でも合うのが豚肉のいいところ。気取った料理ではありませんが、誰にでも手軽に作れておいしい庶民の味方です。ぜいたくせず、気取らず、食べられることを感謝しながら命をいただいてください。

材料

豚コマ肉、キャベツ、ほうれん草、小松菜、人参、玉ねぎ、レタス、もやし、大根、ねぎ、きのこ類……何でもOK。塩、コショウ、ごま油、醤油

作り方のポイント

葉物野菜と豚コマは食べやすい大きさに切る。人参、大根は小さくイチョウ切り。熱したフライパンにごま油をひき、豚コマ、人参、大根を入れて強火で炒め、塩、コショウをふる。その後、レタス以外の野菜を入れて中火でさらに炒め、ほんの少し醤油をふる。皿に盛ったら、全体に軽くごま油をたらして風味を出し、最後にレタスを細かくちぎってのせる。野菜と豚コマ肉の、さっぱりしたかんたん料理。

50 半熟卵のカツ煮

市販のトンカツをさらにおいしく食べる知恵です。

材料

トンカツ1枚、玉ねぎ、卵、醤油、砂糖

作り方のポイント

トンカツは1・5センチ幅に切る。玉ねぎは薄くスライスし、卵は溶きほぐす。フライパンに水少々、醤油、砂糖、玉ねぎを入れて3分程度煮る。そこにトンカツを入れて、2分ほど温めてから溶き卵を流し込む。ふたをして1分ほどで火を止め、しばらく置いて蒸らす。ご飯にのせればカツ丼になるので、そのときは水の量を少なくする。

51 トン汁（豚汁）

寒い冬には温まり、暑い夏には夏バテに負けないスタミナ食、トン汁。豚コマと野菜を鍋に放り込めば手軽にできるのがうれしい。野菜は今あるものでかまいません。ご飯にも合い、フウフウいいながら食べるのが最高です。

材料

豚コマ肉、大根、人参、ごぼう、ねぎ、コンニャク、油、だし汁、酒、みそ、七味トウガラシ

作り方のポイント

豚肉は一口大に切る。大根、人参はイチョウ切りにする。ごぼうは斜め切り。コンニャクは食べやすい大きさにちぎっておく。ねぎは1センチの小口切り。油をひいた鍋で強火で豚肉を炒め、次に大根、人参、ごぼう、コンニャクを加えて炒める。

その後、だし汁と酒を入れて強火で煮る。煮立ったら弱火にして4〜5分煮、みそを半分加えて野菜がやわらかくなるまで煮る。最後に味見しながら、残りのみそとねぎを加えてでき上がり。器に盛って七味トウガラシをふる。

＊鶏肉（安い、ダイエットにいい、のいいことづくめ）

クリスマスになると思い出す、少しせつない記憶。

私は25歳。小学校の教師になるつもりが、好きなマンガへの夢を捨てきれずに上京して、アルバイトで暮らしていた頃。一人の清純なお嬢様に出会いました。彼女はミッション系の大学4年生。通っていたジャズの店で知り合ったのです。

2回目のデートのとき、彼女が、「私の家では、クリスマスの夜は七面鳥を食べるのよ。外交官のパパが好きなの。永山さんはお好き？」といいました。

「エッ、七面鳥？……外交官！」、栄養失調気味の福島なまりの青年は、喫茶店の椅子でのけぞりました。東京オリンピックの前夜、日本人が、やっと3食白いご飯が食べられると喜んでいた時代。欧米で聖なる夜に七面鳥を食べる習慣は知っていたけど、それは、遥かに豊かな国の夢物語。

「ニワトリなら、田舎では正月につぶすけど、七面鳥は食べ

たことありません、ボク」。すると彼女が、「まあ、そうなの。じゃ、今年のクリスマスに持ってきてあげるわね」と甘くささやきました。しかし、彼女はしばらくして去って行き、私は七面鳥を食べそこねたのです。

その年の聖夜、私はジングルベルの音が響く新宿のガード下で一人、流れてくる焼き鳥の匂いに包まれながら、ズルズルと、しょっぱいラーメンをすすりました。すると、立ちのぼるラーメンの湯気の向こうから、「永山さん、夢を捨てずに、がんばってくださいね」という彼女の声が聞こえたような気がして、私は思わず「はい」と答えていました。

『檀流クッキング』で知られた料理上手の作家、檀一雄《だんかずお》。彼直伝の鶏の手羽先料理について、息子・檀《だん》太郎の妻、晴子さんは「いくら物価が変わっても、当時から一番安かったのが鶏の手羽先。だって100グラム20円だったのよ」と語っています。そしてこの手羽先料理は、太郎夫婦の胃袋を満たしただけでなく、友達にも歓迎されたそうです。

確かに、安くタンパク質をとれるのが鶏肉で、調理次第で豪華な料理にも変身します。ただ、肉の中で一番傷みやすいので、買うときは新鮮なものを見分けることが大切。ささ身や胸肉はすき通ったような淡いピンクのものを、もも肉は赤っぽいものを選びましょう。大事なのは、良く売れている店で買うことです。

手羽先は、安い店だと100グラム40円。骨と筋肉を作るタンパク質が豊富で、捨てるところがなくてこの安さ。そんな肉はほかにありません。強力なわれらの応援団といっていいでしょう。さまざまに調理して、おいしく食べ、しっかり力をつけてください。ただ、胸肉は火を通すと身が締まりパサパサしてまずいので、調理法の研究が肝要です。

52 鶏胸肉の薄切りと、もやし目玉焼き添え

安価で、脂肪が少ないのにタンパク質が豊富という、われら体重とお金に悩む庶民派にはうれしい鶏胸肉。そんな胸肉を手軽に食べられるのが、レンジを利用した方法。

もう、かんたん過ぎて料理とはいえません。胸肉だけでは寂しいので、これも超かんたんなもやしの目玉焼きをつけます。体に良く、二つ合わせても懐が痛まない「料理」です。

材料

鶏胸肉、卵1〜2個、もやし、醤油、酢、練りからし

作り方のポイント

胸肉を口に入る大きさに、薄く2〜3ミリにスライスする。それを皿に並べて軽く水をふってラッピングし、レンジで3分程度チンする。皿上の胸肉を裏返して再度チン。肉に箸の先が通ればOK。別の皿に移し、出た汁を少しかけ、冷えないようにラッピングしておく。

次に、熱したフライパンにもやしを入れて、箸でかき回し炒める。油は使わず、焦げないように適度の水をふりかける。2分したら、もやしの上に卵を割り入れてふたをし、また少量の水をふりかける。弱火で3分くらいおけば、もやし目玉焼きの完成。胸肉には酢醤油をかけ、練りからしをつけて食べる。もやし目玉焼きも醤油をたらしていただく。

㊸ 鶏の野菜鍋

やわらかくなった鶏もも肉と野菜を、たくさん食べるうれしい鍋。炒めた香ばしい鶏肉の味がスープににじみ出し、うまさが増します。冷蔵庫にある野菜を使い、足りなければ買ってきましょう。

材料

鶏骨つきもも肉、しめじ、人参、大根、春菊、もやし、ねぎなどなるべくありあわせの野菜、じゃが芋、油、市販の鶏がらスープの素、日本酒、塩

作り方のポイント

鶏は骨のついたまま、一口大に切る。フライパンに油をひき、鶏肉を骨つきのまま焦げ目がつくまで炒める。じゃが芋は4つに切り、人参は食べやすい大きさに輪切りにする。大根は大き目のいちょう切り。春菊、ねぎは3センチに切る。もやし、しめじ、ねぎ以外の野菜を湯がき、ボウルに取り分ける。

鍋に鶏がらスープの素、塩、酒を入れて味つけし、鶏肉と湯がいた野菜、もやし、しめじ、ねぎも加えて、弱火で5～6分煮る。味がしみ込んだところで完成です。

54 親子丼

子どもの頃よく食べた記憶がある、親子丼。やわらかい鶏肉に溶き卵がかかった甘い味。夢中でかぶりついたものです。鶏肉とご飯を一緒に食べることができる、すばらしい料理といっていいでしょう。これに、おしんことみそ汁をつければカンペキです。

材料

温かいご飯、鶏もも肉、玉ねぎ、三つ葉、卵、だし、醤油、砂糖

作り方のポイント

鶏肉は一口大のそぎ切りにする。玉ねぎは薄く、三つ葉はザク切りに。卵は割りほぐしておく。鍋にだし、醤油、砂糖、水を入れて強火で煮立て、鶏肉を入れる。ふたをして中火で鶏肉に箸が通るまでやわらかく煮る。途中で玉ねぎを加える。ふたを取って卵を回しかけ、三つ葉をちらしてふたをし、火を止める。

卵をふんわりと仕上げるには、卵を入れたら余熱で仕上げるといい。丼に盛った温かいご飯にのせて完成。砂糖を多めにして、甘い味の親子丼を楽しむのも一興。鶏肉の代わりに市販のトンカツでもよく、手順は同じ。

55 手羽先の塩鍋

コラーゲンがたっぷりで、女性に人気の手羽先。その手羽先を、あっさりした塩味でいただきます。塩味のシンプルな味わいが、肉のうまさを引き立てます。肉はあくまでやわらかく、皮のとろりとした舌ざわりが法悦。できれば土鍋を用意してください。

材料

鶏手羽先、ごぼう、白菜、にら、人参、だし、酒、塩

作り方のポイント

ごぼうをささがきにし、白菜は3センチの斜めそぎ切りにする。にらは5センチの長さ、人参は3ミリの輪切りに。手羽先は関節の部分をはさみで切り、先端を切り落として水気をぬぐう。土鍋に手羽先、ごぼう、だし、酒を入れて火にかけ、煮立ったら弱火にし、アクをすくいながら10分ほど煮る。その後、人参、白菜、塩を加え、火を止める少し前ににらを入れる。

56 鶏胸肉とブロッコリーのニンニク炒め

鶏胸肉とブロッコリーをごま油で炒めたシンプルな料理。ニンニクとトウガラシが食欲を誘います。ブロッコリーの固い噛み具合が肝《きも》なので、ゆで過ぎないように。胸肉をジューシーに仕上げるには、水を加えて蒸し炒めにするのがベストの方法です。

材料

鶏胸肉、ブロッコリー、ニンニク、七味トウガラシ、塩、粗挽き黒コショウ、油、小麦粉、白ワイン

作り方のポイント

鶏肉は皮を取り、5ミリ厚のそぎ切りにする。黒コショウ、塩をふり、小麦粉をまぶす。ブロッコリーは小房に分け、茎は皮をむいて縦に3ミリ幅に切る。塩を少し入れた熱湯の鍋で固めにゆで、ざるに移す。湯を切ったら、ごま油を引いたフライパンにみじん切りのニンニクを入れてサッと炒める。

洗ったフライパンに油をひき、ニンニクを入れ、鶏胸肉に焦げ目がつくくらい軽く焼く。その後胸肉に白ワインをかけ、ふたをして4〜5分弱火で蒸す。仕上げに黒コショウ、七味トウガラシを加えて味をととのえる。皿に鶏胸肉とブロッコリーを盛ってでき上がり。

57 鶏レバーのねぎ炒め

女性の中にはレバーを嫌う人がいるかもしれません。これは、レバーのクセをねぎで消して食べる料理です。熱々のねぎの感触がたまりません。

材料

鶏レバー、ねぎ1本、醤油、みりん、七味トウガラシ、油

作り方のポイント

Ⓐ鶏レバーが薄くスライスされたものなら、そのまま使用。

Ⓑスライスされていない状態なら、次のように下処理をする。

一口大に切り、脂肪を取る。心臓がある場合は切り開いて血を抜く。ボウルに入れて塩をかけて全体にもみ、最後に水で洗う。レバーを沸騰した湯で7～8分ゆで、ざるに取って水を切る。ねぎは全体を縦半分に切り、それを7～8ミリの斜め切りにする。油をひいて熱したフライパンでレバーを2～3分炒め、調味料を加え、それにねぎを入れてサッと炒める。皿に盛り、七味トウガラシをふる。

58 鶏ひき肉卵カレー

市販のカレールーに鶏ひき肉と卵、玉ねぎを加えたかんたんカレーライス。手の込んだ料理を作るのが面倒なときや、一人暮らしの人、忙しい人にピッタリです。

材料

鶏ひき肉、玉ねぎ、カレールー、卵、醤油、油、温かいご飯

作り方のポイント

鶏ひき肉とスライスした玉ねぎを、油をひいて熱したフライパンで軽く炒める。そこにカレールーを加え、さらに卵を割り入れて全体によく混ぜる。醤油をひとたらしすると味が締まっておいしくなる。皿に盛ったご飯にカレーをかけてでき上がり。

59 鶏もも肉のしそ焼き

体と財布にやさしい鶏もも肉を、そのまま丸ごといただきます。温めたオーブントースターを使った手軽な方法です。他の野菜料理などと一緒にいただきましょう。

材料

鶏もも肉、レモン、酒、大葉、醤油、みりん（砂糖でも可）

作り方のポイント

鶏もも肉に酒をふりかけ、大葉は千切りにしておく。熱したオーブントースターで鶏もも肉を10分くらい焼いておく。醤油、みりんを鍋に入れて煮つめ、たれを焼いたもも肉に

鶏《にわとり》

脂肪が少なくアミノ酸バランスのよいタンパク質が豊富。ビタミンAが多く、風邪やガンの予防も期待されている。老化防止効果の高いカルノシンを含み、長寿食としても注目されている。

○卵黄に多いレシチンには物忘れを防いで記憶力を高める作用がある。
ビタミンAが多く病気に対する免疫力を強くして、風邪を予防する上でも役に立つ。

ビンボー時代の救世主だったもんなァ

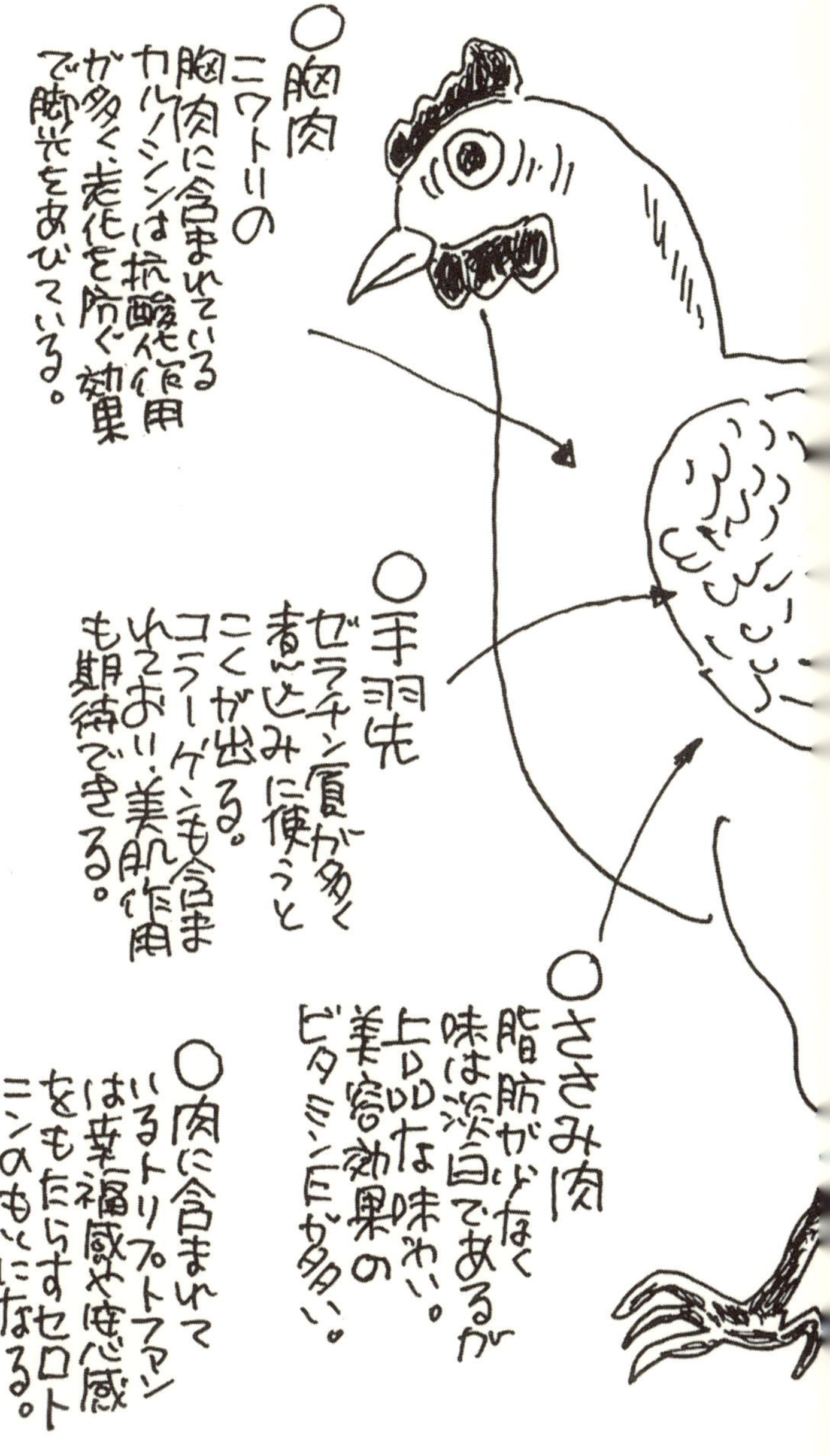
○胸肉
ニワトリの
胸肉に含まれている
カルノシンは抗酸化作用
が多く、老化を防ぐ効果
で脚光をあびている。
○手羽先
ゼラチン質が多く
煮込みに使うと
こくが出る。
コラーゲンも含ま
れており、美肌作用
も期待できる。
○ささみ肉
脂肪がなく
味は淡白であるが
上品な味わい。
美容効果の
ビタミンEが多い。
○肉に含まれて
いるトリプトファン
は幸福感や安心感
をもたらすセロト
ニンのもとになる。

塗り、再びトースターで軽く焼く。箸の先が肉に通るのを確認してから皿にのせて、刻んだ大葉とレモン汁をふりかける。もも肉だけでは寂しいので、野菜サラダや卵料理などを一緒に添えて食べる。

60 鶏雑炊

おいしくて食べやすく、お腹もいっぱいになります。一人暮らしには最適なレシピです。

材料

鶏ひき肉、きのこ類、クレソン、卵、鶏がらスープの素、生姜、炒り白ごま、ご飯

作り方のポイント

鍋に水を張って沸騰させ、スープの素を入れる。鶏ひき肉を3回くらいに分けて入れ、さらにきのこ類を加える。煮立ったらご飯を入れてほぐし、さらに卵を加えかき混ぜ、1〜2分煮る。器に盛り、おろし生姜とクレソンをのせ、白ごまをふって完成。

6章　安くて体にいい「青魚」で健康に

魚は体と脳にいいといわれますが、食べるなら大衆魚と呼ばれる青魚がおすすめです。中でも、いわし、さんま、さば、あじは青魚の代表格で、値段、栄養、おいしさからも一番。**脳の若さを保ち、老化を防ぐＤＨＡが多く含まれていて、**しかも財布にやさしい。

私の食のモットーは**「一日おきに肉と魚を食べる」**で、長年、豚肉と鶏肉、青魚を食べ続けてきました。たまには和牛やまぐろなども食べますが、それほど多くありません。

なぜなら、私にはいわしやさば、あじのほうが魚という気がするからです。いわしは昔は庶民の健康食として、1匹を串に刺し、こんがりと焼いて丸かじりしたものでした。

今から70年ほど前の戦争直後などは、わが家ではいわし1匹を皿にのせたおかずが、食べ盛り6人兄弟姉妹の夕食でした。戦争に負けてどん底の時代の食卓です。

その1匹が、季節によってさんまになったり、小さなあじになったりしましたが、相変わらず1匹で、下の子から食べはじめると、皿が年長の私の前に回ってきたときは、頭と骨だけ。しかし食べ物のない時代、私はこの骨を焼いて食べたものです。パリパリしていて、意外に脂が残っていてうまかった。

私は**85歳になっても徹夜で原稿を書ける体力・知力がある**のは、いわしをはじめとする青魚を食べていたせいかもしれない、などと考えています。

青魚の脂質に多いDHAやEPAは、ビンボーを笑い飛ばす**頭脳力を高め、血行も良くします**。うれしいことに、認知症も防いでくれますから、**心がけて青魚を食べましょう**。レシピには書きませんが、新鮮な安いあじ、いわしが手に入ったときは、ぜひ刺身やたたきでいただきましょう。魚の最高の食べ方は生食なのですから。

そういえば、90歳まで生きた天才絵師・葛飾北斎は江戸下町の長屋暮らしの日々で、江戸前の海で獲れた小魚の丸干しを、**おやつ代わりにボリボリかじり**ながら絵を描いていたそうです。小魚のカルシウムのおかげで、年をとっても元気だったのかもしれません。

61 いわしの丸干し

おすすめはいわしの丸干し。比較的安いので、これを焼いて食べます。江戸時代には最もポピュラーなおかずで、大きな店の小僧さんの夕食は、いわしの丸干し1匹に、野菜がたっぷり入ったみそ汁とたくあんぐらいでした。

いわしは3分の1がタンパク質で、カルシウム、ビタミンA・B・E類もたっぷり。『源氏物語』の作者紫式部は、丸焼いわしのおいしさに感動したそうです。平安時代、いわしは下魚とされ貴族は食べませんでしたが、紫式部は気取らない女性だったのでしょう。最近は「いわしなんて……」と、気取ってバカにする奥様もいますが、平安時代のグルメ、紫式部を見習ってほしいものです。

62 さばのみそ煮

社食にも並んでいる、昭和の雰囲気が残るさばの定番料理。生姜がきいた、こってりしたみそ味はご飯によく合います。

材料

さばの切り身、みそ、砂糖、酒、生姜

作り方のポイント

鍋にみそ、砂糖、酒、水を入れて混ぜ、温める。味の濃さは好みに。汁が温まったらさばの切り身を入れ、細く千切りにした生姜を加えて中火で煮る。箸が通ったら火を止める。さばを皿に盛って煮汁をかけ、最後に鍋の中の生姜をすくってのせる。

㊸いわしの蒲焼き

安くて体にいい庶民の魚、いわしを蒲焼き風に食べます。ツヤツヤの甘からのタレがたまりません。

材料

いわし2匹、小麦粉、生姜汁、醤油、酒、油、みりん、砂糖

作り方のポイント

いわし2匹を手開きにして中骨、小骨を取り、醤油、みりん、生姜の汁に15分漬ける。別に、醤油、酒、みりん、砂糖、水を混ぜ合わせたタレを用意しておく。水気を拭き取って、小麦粉をまぶしたいわしの両面を油で焼き、タレを塗ればでき上がり。三枚におろしたさんまや、あじで作ってもおいしい。

64 さんまのフライパン塩焼き

グリルや網を使わずに、誰でも持っているフライパンで焼きます。ふたをしたフライパンで焼くと、あまり煙が出ないので部屋が汚れず、手軽に塩焼きさんまを食べることができます。

材料

さんま1匹、塩、油、大根少し、醬油

作り方のポイント

さんまを半分に切って、全体に塩をふる。油をひいて熱したフライパンで、ふたをしてさんまを焼く。ふたをする前に少量の水をふるのがポイント。こんがり色がついたら、裏返し、火を弱めてさらに3分ほど焼く。皿に盛ったさんまの脇に大根おろしを添え、醬油をたらす。

65 鮭の蒸し焼き

鮭の切り身を洋食風にアレンジした蒸し焼き。ノルウェーやチリ産の安いサーモンでも、おいしく食べられる「鮭のムニエル」です。せっかくなので、バターとタルタルソースを用意して豪華にしましょう。

材料

鮭の切り身2切れ、小麦粉、塩、コショウ、油、バター、タルタルソース

作り方のポイント

鮭の切り身の両面に塩、コショウをふり、小麦粉をまぶす。油をひいて熱したフライパンで鮭を焼いて焦げ目をつける。その後弱火にして、ふたをして4～5分ほど蒸し焼きにする。さらにフライパンにバターをひき、カリッと焼く。皿にのせ、タルタルソースをかければ、絶品「洋食風鮭の蒸し焼き」のでき上がり。

66 あじのなめろう

漁師が、獲ったばかりの新鮮なあじやいわしを、細かく叩いて食べた料理。みそと薬味で和えた素朴な味を再現します。

材料

あじ、みそ、ねぎ、大葉、生姜

作り方のポイント

三枚におろしたあじの身を包丁で細かく切り、さらに包丁の刃で叩く。それにみそ、ねぎと生姜のみじん切りを混ぜればでき上がり。皿に盛ったたたきの上に、刻んだ大葉をちらす。「なめろう」とは、うまくて皿までなめてしまう、ということから。

67 いわしの梅干し煮

材料

いわし、梅干し、生姜、酒、醤油、みりん、大葉

作り方のポイント

いわしの頭とわたを取り、よく水で洗ってぬめりを落とす。水を張った鍋にいわし、梅干し、生姜の千切りを入れ、さらに酒、醤油、みりんを加えて火にかける。沸騰したら弱

火にして、落としぶたをし、コトコトと煮汁がなくなるまで煮る。皿に盛ったいわしに刻み大葉をちらして完成。梅干しと生姜がいわしの生ぐさい匂いを消してくれる。

68 いかの生姜焼き

時々、いかを食べましょう。幼い日、お祭りの縁日や海の家で食べた、甘く香ばしい生姜の風味。思い出しながら作ってください。

材料

するめいか1杯、ねぎ、醤油、酒、砂糖、生姜、油

作り方のポイント

いかのわたと足を取って、胴の中をきれいに洗う。胴は1センチ幅の輪切りにし、足は3センチの長さに切る。醤油、酒、砂糖、おろし生姜を合わせてタレを作り、その中にいかを10分つけておく。水気を取ったいかを油をひいたフライパンでサッと炒め、さらにもう一度タレにつけてから皿に盛る。みじん切りのねぎをちらす。

いかの胴の中に指を入れて足の付け根を外し、わたと足を引き抜くと、かんたんに下処理ができる。

7章 おひとりさまの強い味方、缶詰バンザイ!!

今、日本では急速に「おひとりさまの、ひとりぼっち」が増えています。

〝ぼっち〟は自由で、家族なんて面倒なものに拘束されず、すべて自分の時間。行きたいところに、何の気兼ねもなしに行く。食事も一人、ＴＶを見るのも一人、買い物も一人、この世にサヨナラするときも一人……。

なんとなく一人暮らしできてしまったり、好きで一人でいたり、夫や妻・家族・恋人と別れたり……という人もいれば、結婚できなかったり、家族と死に別れて、心ならずも〝ぼっち〟になった人もいます。

見渡せば、日本はいつの間にか〝ぼっち社会〟。隣も、その隣も、ひっそりと暮らすおひとりさまばかり。もしかしたら、あなたもそうでしょうか。派遣暮らしは不安、人と会話がなく寂しい、年金が少なくて苦しい、そして、何だかんだで料理するのが面倒くさい……。

でも、喜びましょう。缶詰はそんな、一人暮らし人間のためのすばらしいスーパーフードなのです。缶詰は災害用の保存食であるだけではなく、おひとりさまの心強い応援団。かくいう私も、ぼっちのビンボー時代を缶詰で生きぬきました。**私の命の食べ物、缶詰。安くて、かんたんで、うまくて、栄養がぎゅっとつまった、**すばらしい食品。

見栄を張らずに、大いに食べましょう。

魚の缶詰は新鮮な魚を使っているのに、本来の魚より安価に手に入る。大量に水揚げされたときに一気に加工してしまうので、安く販売できて、味つけも本格的でうまい。

魚をおろして料理するのはとても大変ですが、缶詰は**ふたを取るだけで、食卓の主菜**となります。養殖魚のように人体に良くない成長促進剤も使っていません。**ふたを開けるだけでおいしい魚が食べられる缶詰**が、今日を生きる力をくれます。

◎魚の缶詰を食べて、認知症予防！

人間の体は年をとると骨や関節、筋肉が衰えて動作が鈍くなり、必須アミノ酸のロイシンが必要になります。ロイシンは筋肉を作るタンパク質の合成を促進し、いわし、さば、鮭、まぐろなどの魚に多く含まれています。

１００グラム当たりのロイシンの含有量は、まぐろが２０００ミリグラム、鮭は１７００ミリグラム、いわしは１６００ミリグラム。そしてツナ油漬けには２１５６ミリグラム、ツナ水煮缶では２０７３ミリグラムにもなります。

さらに魚には、ご存じＤＨＡ（ドコサヘキサエン酸）が多く含まれていて、アルツハイマー病にＤＨＡが効くことが判明しました。特にまぐろ、さば、いわし、鯛には豊富なＤＨＡが含まれています。生魚でこうですから、養分をぎゅっと瞬間的に凝縮した缶詰はＤＨＡの宝庫です。

缶詰の5大特長！

①開けてすぐ食べられる

②新鮮な材料で調理されている

③骨も身も、圧力加熱で食べやすい

④真空処理で、汁にうまみが凝縮

⑤常温で保存できる

69 さば缶の大根和え

物忘れやうつ病の予防に役立つのが必須脂肪酸ですが、さば缶にはこれが多く含まれています。そこで、消化酵素の多い大根と一緒に食べることで、この必須脂肪酸を逃さずとりましょう。味の相性も良く、作り方もかんたんです。

材料

さば缶（みそ煮、醬油煮どちらでも）、大根、人参、ねぎ、醬油、七味トウガラシ

作り方のポイント

さばの身をほぐして、大根と人参の千切り、刻みねぎを混ぜ合わせ、醬油で味をととのえたら、七味トウガラシをかける。

70 さば缶のお好み焼き

さばのタンパク質と、頭脳力強化に役立つ脂質のうまみを、水溶きした小麦粉の中にとじ込めて、こんがりと香ばしく焼き上げます。

材料

さば缶（みそ煮、醬油煮どちらでも）、小麦粉大さじ3杯、キャベツ千切り、カツオ節、卵1個、油、砂糖少々、ソース

作り方のポイント

ボウルに小麦粉を入れて水で溶き、トロトロにしたらさばと卵とキャベツを加える。よく混ぜ合わせたら砂糖を少々入れる。油をひいたフライパンで材料を弱火で焼く。フライパンが小さかったら2回に分けて焼いてもいい。皿に取り、カツオ節をのせてソースをかけて食べる。

71 鮭缶とにらの卵炒め

クセの強いにらとよく合う鮭に卵を加えて、サッと炒めます。うまくて、また食べたくなること間違いなし。

材料

鮭の水煮缶、にら、玉ねぎ、生姜、白ごま、ご飯

作り方のポイント

油をひいて熱したフライパンで、ザク切りにしたにらと、玉ねぎ、千切りした生姜を強火

でサッと炒める。にらがしんなりしたら、ほぐした鮭を汁ごと加え、溶き卵を回しかけて軽く混ぜればでき上がり。味が薄ければ、好みで塩コショウする。温かいご飯にのせる。

72 さば缶サンド

かんたんにできて元気の出る、玉ねぎ入りのサンドイッチです。さばに含まれているビタミンB_1が、玉ねぎのからみ成分にドッキングすることによって、疲れが早く抜けてスタミナも強くなります。

材料

さば缶（みそ煮）、玉ねぎ、レタスの葉1枚、パセリ、マヨネーズ、コショウ、食パン2枚、バター少々

作り方のポイント

一人前の場合は、さば缶の身は半分。ボウルにさばの身を入れてほぐし、みじん切りの玉ねぎを加えてマヨネーズで和え、コショウで味を引き締める。トースターで軽く焼いた食パン2枚にバターを塗り、半分に切ったレタスを敷く。食パンの上にさばの身をのせて、パセリをちらし、もう1枚のパンではさんででき上がり。半分に切って食べる。

鯖《さば》

DHA、EPAがたっぷり。生涯現役パワーを強化する成分の多い青魚のチャンピヨンです。

○DHA
脳の若さを保ち物忘れを防ぐ。

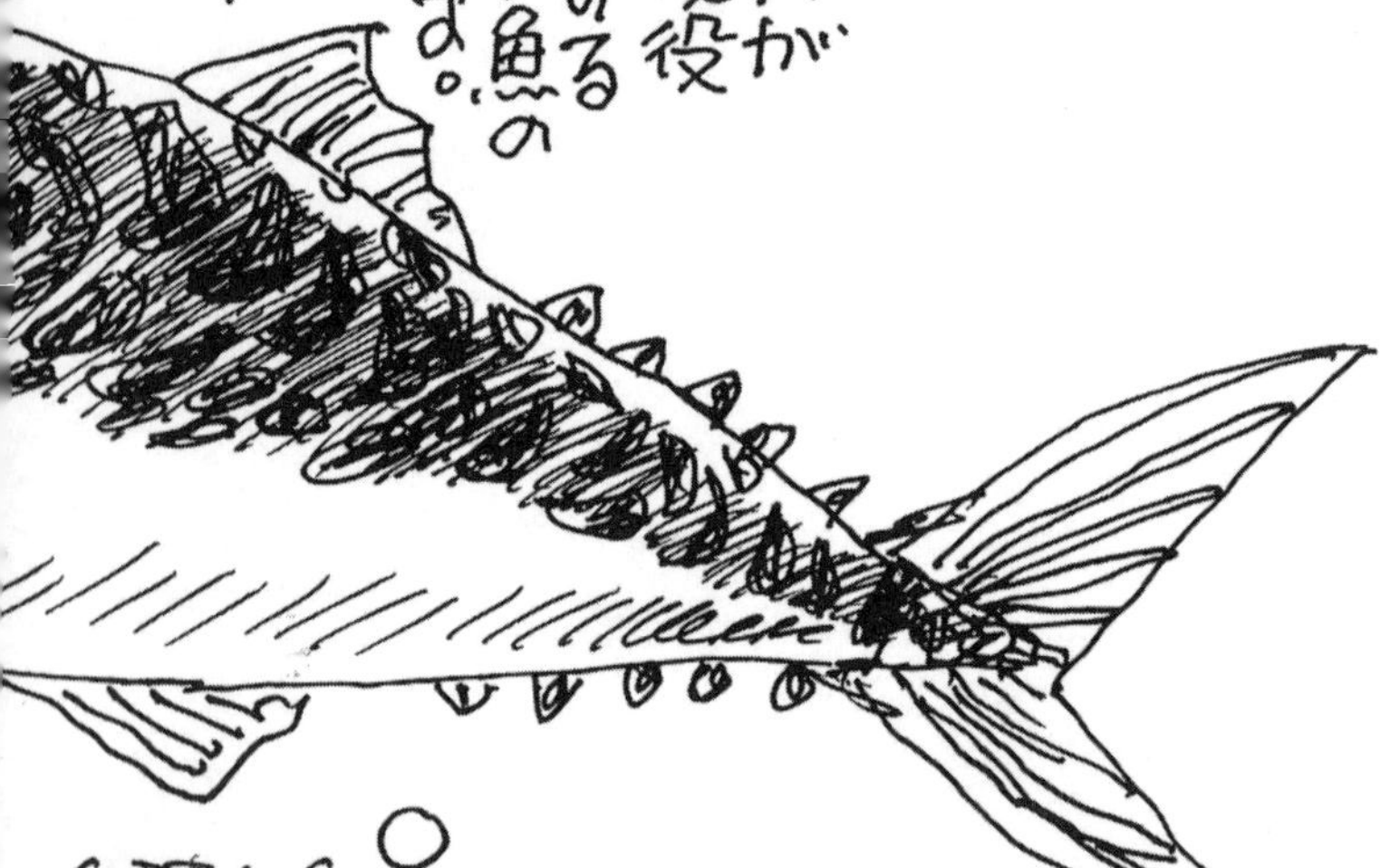

○EPA
血行をよくして、動脈硬化を防ぐ働きもする。

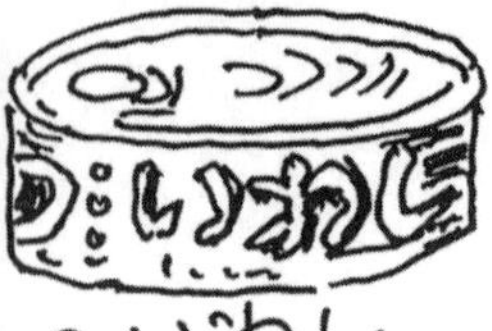

● いわし

● さけ

● さば

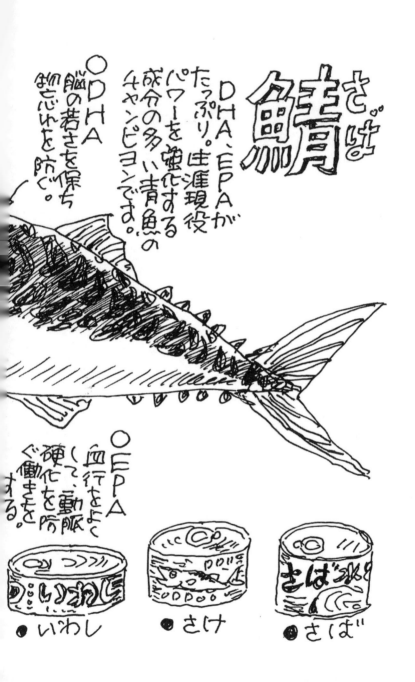

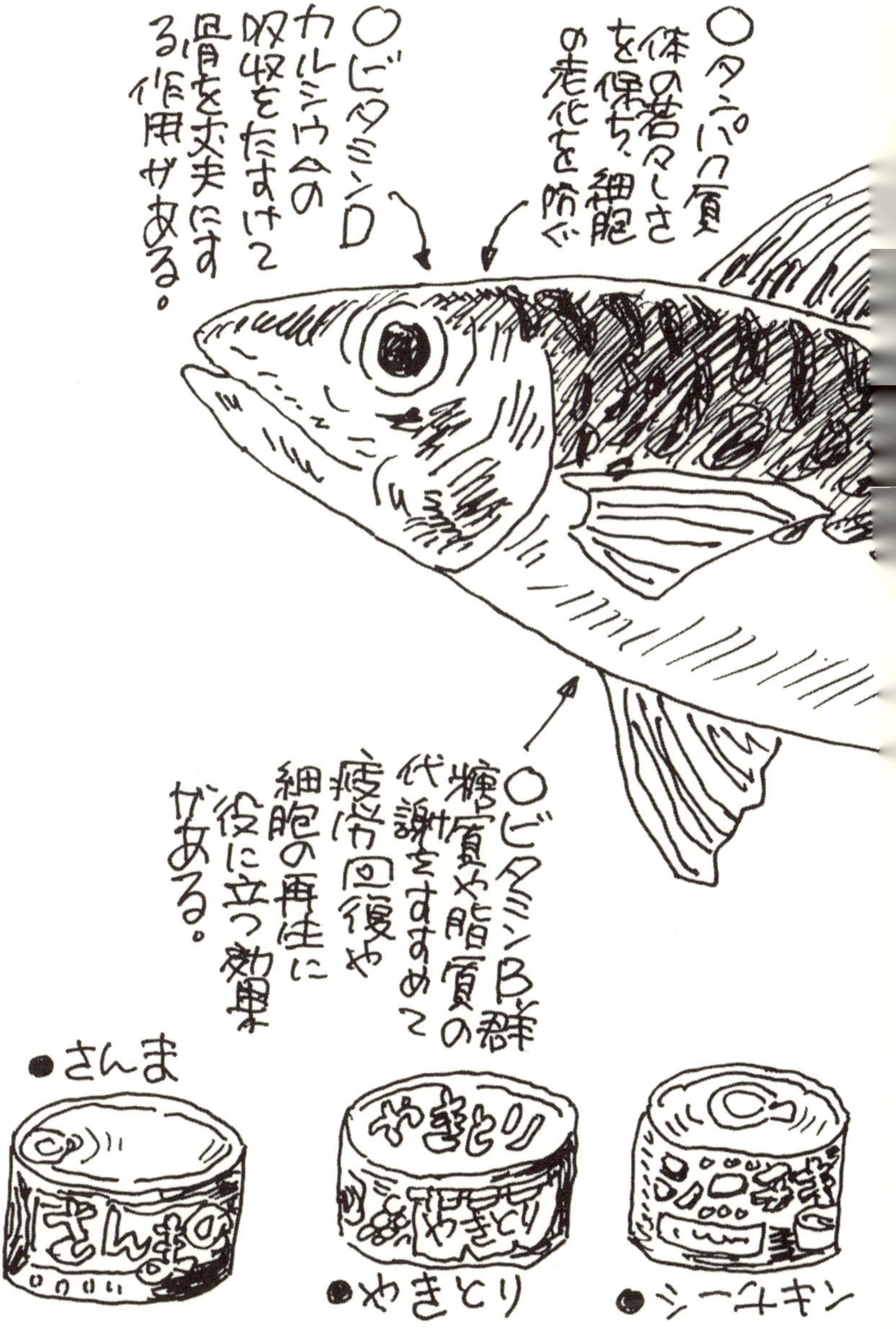
○タンパク質
体の若々しさを保ち、細胞の老化を防ぐ
○ビタミンD
カルシウムの吸収をたすけて骨を丈夫にする作用がある。
○ビタミンB群
糖質や脂質の代謝をすすめて疲労回復や細胞の再生に役に立つ効果がある。
●さんま
さんま
やきとり
やきとり
●やきとり
●シーチキン

8章　完全栄養食品「卵」の力

人生、とんとん拍子にいくものではありません。

挫折も、失敗もします。私などは、中年までは挫折、失敗、迷いの人生でした。しかし、こうしてシブトク生きています。**人間、夢と目標があればしのげるものです。**

若い時代は人生の上り坂といいますが、**実はジグザグの方が多い。**油断するとすぐ坂から転げ落ちるので、いい気にならず、奥歯を噛み締めてここまで歩いてきました。

私は現在85歳ですが、90歳になったら、もう一度マンガ家になろうと予定しています。

人生は80歳になろうと90歳になろうと、意識の中では常に「上り坂」。坂の上に輝く太陽の光を全身で浴びてみたい。いつもそう思っています。しかし、そうはいっても、息は切れるし、足腰も弱くなる。でも老化に負けず、**坂を上って行こうという気持ちを失わないよう、**強く心がけています。

坂を上る体力・気力をサポートしてくれるのが食べ物で、これが非常に大事です。かんたんに食べられて、栄養効果が高く、しかも手頃でないといけません。その代表格が卵で、私は80年以上も食べ続けてきました。ビンボーでキャベツ生活だったときでも、無理して卵だけは食べてきました。

卵にはビタミンC以外の栄養成分がほぼ全部含まれているので、ほぼ完全食と呼んでもいいでしょう。**動脈硬化やアルツハイマー、記憶力低下を防いでくれます。**まさに卵は、坂を上り続ける者にとって命の食べ物といっていいでしょう。

人生に卵あり。卵を友として充実した日々を送ってください。

73 炒め野菜オムレツ

サッと炒めた野菜を具にしたオムレツで、おかずがないときや、疲れたときに助かります。

材料

卵2個、小松菜、もやし、人参、玉ねぎ、キャベツ等あり合わせの野菜（2種類はほしい）、コショウ、砂糖、醤油、油

作り方のポイント

人参は薄いイチョウ切りにするなど、野菜は食べやすい一口大に切る。油をひいて熱したフライパンで人参、小松菜の茎、続いて残りの野菜を炒め、コショウをふり、大皿に取る。溶いた卵に砂糖少量、醤油をたらし、再度、油をひいたフライパンに流し込む。箸でならしながら真ん中に大皿の炒め野菜を置き、卵で包めばでき上がり。

74 レタスの卵チャーハン

残りもののご飯に魚肉ソーセージを入れた、安価でおいしいチャーハン。

材料

残りもののご飯（炊きたてでもいい）、卵、魚肉ソーセージ、レタス、ねぎ、塩、コショ

ウ、醤油、油

作り方のポイント

ソーセージは縦半分に切り、それを薄くスライス。ねぎは細かく刻む。油をひいて熱したフライパンでソーセージをさっと炒め、ご飯を入れてほぐす。そこに溶き卵を回しかけ、よく混ぜ合わせながら調味料で味つけする。ご飯がパラパラになったら、ねぎをふりかけて火を消す。最後に、ちぎったレタスを加えて一気に混ぜる。ご飯と卵を別のフライパンで混ぜ合わせておけば、パラッとしたチャーハンになる。

75 にら納豆入りオムレツ

安い食品の王様、卵と納豆。栄養価が高い2つを同時に食べるというレシピです。かんたんなので、料理ができなくても大丈夫。しかも、どっさり入れたにらのパワーで、スタミナも倍増します。3日に1回は食べましょう。

材料

納豆1パック、卵2個、にら、ニンニク、コショウ、パセリ、醤油、砂糖、ごま油

作り方のポイント

よく練った納豆に卵を加えてさらにかき混ぜる。にらは2分の1把を細かく刻む。ニンニクはみじん切りにし、二つを納豆＋卵に加え、砂糖少々をプラス。調味料とごま油を、好みの味になるよう加えてさらに混ぜたら、ごま油をひいたフライパンに流し込んでオムレツを作る。焦げないように箸で混ぜながら焼き上げ、オムレツに刻んだパセリをちらす。

76 魚肉ソーセージオムレツ

家計の味方、安い魚肉ソーセージと玉ねぎを使ったオムレツで、ソーセージを2本も使うとボリュームがあって、十分主菜になります。

材料

卵2個、魚肉ソーセージ2本、玉ねぎ、油、コショウ、砂糖、醤油

作り方

みじん切りにしたソーセージ、玉ねぎ、卵をボウルで混ぜ合わせる。好みでコショウ、砂糖を加え、醤油をほんのひとたらし。油をひいたフライパンでオムレツにする。

77 玉子ふわふわ（江戸時代の料理）

江戸時代の卵料理で、天明5（1785）年に刊行された『万宝料理秘密箱』の中に作り方が紹介されています。卵は加熱すると凝固する性質があるため、男性にもかんたんに料理できるので、長屋で一人暮らしの男たちがチャレンジして楽しんでいたようです。現代風にアレンジし、手間をかけずに作ってみましょう。

材料

卵2個で一人分。砂糖ひとつまみ、だし汁（昆布とカツオ節を入れた水をさっと煮立たせ、火を止めて汁だけ取る。市販のだしでも可）を丼に1・5杯。醤油少々、コショウ少々

作り方のポイント

鍋にだし汁と醤油、コショウをふり入れてふたをし、火にかける。だし汁が沸く間に、ボウルに卵と砂糖を入れて、クリーム状になるまでかき混ぜる。鍋が煮立ったら火を止め、鍋のふちから卵を一気に流し入れて、ふたをする。そのまま2分ほど蒸らしてでき上がり。仕上がりはふわふわしていて、上品な甘みがあり、江戸っ子のレシピの創造性の高さに驚く。

9章　安くて手軽な「健康食品」で元気！

豆腐、納豆、高野豆腐、おから、油揚げ、きな粉、切干大根、酒粕……

ありがたいことに、**健康は平等です。健康管理の上手下手によって、人生が変わる**といっても過言ではありません。お金があっても病気で苦しむ人もいる。ビンボーなのにクヨクヨせず、元気に働く人もいる。

それは、食べ物や運動、睡眠などの自己管理によって、良質な健康を手に入れることができたからです。

お金があれば病気にならず、健康でいられるというなら、金持ちに病人はいないはず。ところが、生活習慣病の糖尿病や肥満などは、食べ過ぎや運動不足からなることが多く、ぜいたく病と呼んでいいでしょう。

体にいいものをしっかり食べて、体を動かす――健康はこれに尽きますが、その健康の守り本尊は「大豆」です。**大豆は古来から日本人の健康を守ってきました。**日本人は米飯を食べて、みそ汁を飲み、納豆や豆腐を食べてきた民族。日本人にとっての食事は、何種類もの大豆加工食品を食べることだったのです。

大豆加工食品にはみそをはじめ、納豆・豆腐・高野豆腐・油揚げ・きな粉・おからなどがありますが、いずれも安く手に入ります。健康食品の王様といわれる大豆製品を食べていれば、ビンボーでも健康で暮らしていけるのですから、おおいに利用しましょう。老後のために貯めた虎の子の1千万円を銀行に預けても、年間わずか1万円の金利しかつかない時代。**ぜいたくはしていられません。**

さらにいえば、日本には大豆食品以外にも、安くておいしい多くの健康食品があります。**金はなくても知恵がある**――この章でご紹介する「健康食品」は、元気で前向きに生きていくための、日本民族の知恵のかたまりなのです。

＊豆腐

蒸し暑い夏に食べる冷奴、寒い冬に食べる温かい湯豆腐。食べるたびに、ああ、よくぞ日本に生まれけりと思います。若い女性の肌のような、やわらかさがたまりません。よく「畑の肉」といわれる大豆ですが、国産大豆１００グラム中には、35グラム弱のタンパク質が含まれています。

肉のような高タンパク質の大豆を、消化吸収しやすい形に変えたのが「白い肉」、つまり豆腐なのです。豆腐は低カロリーなのに、カルシウムや、心臓の働きを守るマグネシウムなどが豊富に含まれる、理想的なタンパク質栄養食品。世界的に人気なのもわかります。

78 豆腐サラダ

豆腐に作りおきのニンニクみそ（２１４頁参照）をのせるだけ。うどが季節感を出してくれます。

材料

木綿豆腐半丁、ニンニクみそ、うど、大葉

作り方のポイント

皿に盛った木綿豆腐に、短冊切りにしてサッとゆでたうど、刻んだ大葉、ニンニクみそをのせる。

⑲ お手軽マーボー豆腐

豆腐の代表的な料理の一つ、ピリッとからいマーボー豆腐を作りましょう。

材料

木綿豆腐1丁、豚ひき肉、生姜、ニンニク、ねぎ、油、市販レトルトのマーボー豆腐の素

作り方のポイント

豚ひき肉、ニンニク、生姜のみじん切りを油で炒める。そこにマーボー豆腐の素を入れて、1センチ角に切った豆腐を加えて混ぜる。レトルト添付のとろみの素を入れて煮立て、さらに、ねぎのみじん切りをちらせばでき上がり。好みでみそを溶いて味つけしてもいい。

80 豆板醤《とうばんじゃん》のせ冷奴

おいしい冷奴の食べ方の一つ。夏バテで食欲がないときのおすすめ。

材料

絹豆腐、ごま油、玉ねぎ、ねぎ、大葉、豆板醤

作り方

皿に置いた、よく冷えた豆腐1丁にごま油をかける。薄切りにして水にさらした玉ねぎ、刻みねぎや大葉をのせ、上から豆板醤を盛ってかき回して食べる。見た目はよくないが、ぴりっとしてうまい。

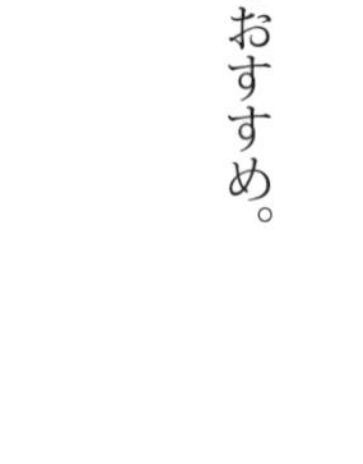

81 豆腐丼

豆腐と豚肉のタンパク質が競演する丼めしで、ビタミンB_1もたっぷりとれます。

材料

絹豆腐3分の1丁、豚バラ肉3枚、卵、ねぎ、三つ葉、粉山椒（あれば）、醤油、酒、砂糖、丼7分目のご飯

作り方のポイント

豆腐をさいの目に切っておく。ねぎは細切りにする。カツオ節で取っただし汁で細く切った豚肉を煮て、豆腐とねぎを加える。醤油と酒少々、砂糖少々で味をつけたら、溶き卵を流し入れてふわふわにする。これを丼のご飯にかけ、仕上げに三つ葉をちらして粉山椒をふりかける。

㉜豆腐のフライパン焼き

豆腐を豚のバラ肉と焼いて味をしみ込ませ、大根おろしで食べるシンプル料理。醤油だけで食べても美味なること請け合いです。

材料

木綿豆腐1丁、豚バラ肉、油、醤油、大根おろし、七味トウガラシ

作り方のポイント

豆腐の水分が多いと油がはねるので、豆腐をキッチンペーパーで包み、傾斜のあるまな板の上に置き、皿を重しとしてのせる。3センチ角、厚さ2センチに切った豆腐を、油をひいたフライパンで醤油で味つけして、豚バラ肉と一緒に焼く。豆腐に焼け目がついたら肉と一緒に盛り、七味トウガラシ入りの大根おろしをつけて食べる。

毎日元氣ニコニコ健康食
○納豆
ネバネバに含まれているナットウキナーゼが血行をよくしてくれるのです。
ぐるぐる
○みそ汁
実だくさんのみそ汁で病気しらずよ
○おから
おからも食べて、今日も快腸なのです。
○きなこ
物忘れを防ぐレシチンを含む
おにぎり

＊納豆

アジアの山岳地帯にルーツを持つ納豆は、昔から日本人の健康を守ってきた、大豆発酵食品の傑作です。ネバネバの糸には、血栓の発生を防ぎ、脳梗塞を予防するナットウキナーゼという生きた酵素がたっぷり。納豆菌が腸内の善玉菌を増やし、腸内環境を整えてくれます。ピロリ菌も減らすので、1日に1回は食べて、血液をサラサラにしてください。「永山久夫、1週間の食卓」（74頁）をご覧いただければおわかりのように、私は必ず、毎日1回は納豆を食べています。

なお、納豆をご飯にかけて食べるのは、江戸時代後期から始まりました。私は納豆の産地水戸に近い福島県で生まれ育ったので、物心ついた頃から納豆漬けでした。卵かけご飯でない朝は納豆で、子ども二人にわら筒入り納豆一つ。それを分けて食べました。その頃、戦争に負けた日本はどん底で、朝は納豆にみそ汁が当たり前。しかし時代は変わり、今、私は百歳をめざして、せっせと毎朝納豆を１００回かき回しています。

なお、納豆は安価な災害備蓄食品にもなります。冷凍庫で冷凍しておき、いざというとき出して食べればお腹がふくれ、栄養も十分。明治・大正の飢饉のとき、東北の農民は納豆で命をつないだそうです。

83 納豆てん茶

香ばしく揚げた納豆天ぷらにほうじ茶をかけて食べる、一風変わった、それでいてうまいお茶漬け。納豆の守備範囲は広いのであります。

材料

納豆、みそ、たくあん、大葉、小麦粉、天ぷら油、わさび、ご飯、ほうじ茶

作り方のポイント

納豆にみそ少々を加えて十分かき混ぜる。そのネバネバ納豆に、みじん切りしたたくあんと大葉を混ぜる。小麦粉を水で溶いて作った天ぷらの衣で納豆を包む。納豆を天ぷら油でからりと揚げ、ご飯にのせ、わさびを置いて、熱いほうじ茶を注いで完成。

84 九杯汁

東北の寒い地方で、雪の降る夜などによく作られる納豆汁。ご飯にたっぷりかけて食べますが、おいしくて「九杯」も「十杯」もお代わりすることからついた名前。

材料

引き割り納豆、みそ、カツオ節、おろしたとろろ芋大さじ3杯、豆腐半丁、刻みねぎ、もみ海苔

作り方のポイント

豆腐とカツオ節入りのみそ汁を作っておく。煮立ったら、とろろ芋と納豆、刻みねぎをさっと混ぜて火を止める。もみ海苔をちらし、ご飯の上にたっぷりかけて「いただきま～す」。

＊高野豆腐

別名「凍り豆腐」ともいわれる高野豆腐は、１００グラム中にタンパク質が約50グラムも含まれていて、高野豆腐の半分はタンパク質なのであります。

生活が苦しくなるとタンパク質が不足しがちになり、それが続くと体が衰弱して免疫力も低下してしまうもの。高野豆腐やきな粉は、手軽で安いタンパク質供給源と考えましょう。もちろん肉や魚も同時に食べ、バランスをとってください。

昔、仏教では肉や魚が禁じられたので、タンパク質補給のために高野山で生まれたのが高野豆腐。お坊さんの知恵が作り出した、ありがたい食べ物です。

85 高野豆腐の炒り卵

すり下ろした高野豆腐と卵を混ぜて炒り卵にするという、高野豆腐の珍しい食べ方。夏バテで食欲がないときでも箸が進む、体にやさしい中高年向きのレシピ。

材料

高野豆腐2～3個、玉ねぎ、豆乳（牛乳でもいい）、卵、パセリ、コショウ、塩、油

作り方のポイント

四角く固い高野豆腐を、おろし金で削って粉末にする。それと豆乳、卵、パセリ、塩、コショウを合わせてよく混ぜる。みじん切りにした玉ねぎを、フライパンでさっと炒める。これに卵と混ぜた高野豆腐を加え、箸でかき回しながら強火でゆっくりと加熱し、炒り卵を作る。ほっこりと、やわらかく仕上げるのがコツ。

86 高野豆腐と小松菜の煮物

大豆食品の中でも最も植物性タンパク質が豊富な高野豆腐。それだけでなく、卵よりも豊富なアミノ酸、大豆サポニン、ビタミンE、イソフラボン、カルシウム、鉄、食物繊維なども含むスーパー食品なのです。コレステロールを抑えるなど、生活習慣病の予防にも役立ちます。豆腐を凍らせ乾燥させることで、多くの栄養価が凝縮されているのです。

材料

水でもどした高野豆腐、小松菜、だし、醤油

作り方のポイント

沸騰しただし汁に高野豆腐を入れ、落としぶたをして煮る。

小松菜は3センチ幅に切る。高野豆腐に箸が通ったら小松菜を加え、醤油をかけ回してもう一度弱火にかける。小松菜の茎がしんなりしたら、いただきます。

⑧⑦高野豆腐チャーハン

ご飯と高野豆腐、そして豚のひき肉。この3つは味の相性がとてもいいのです。生命維持に欠かせないタンパク質も、動物性と植物性が一緒にとれるうれしいレシピ。あっさりとした塩味に仕上げ、コショウで味を引き締めます。

材料

高野豆腐、豚ひき肉、玉ねぎ半個、ピーマン1個、ご飯、油、塩、コショウ、醤油

作り方のポイント

高野豆腐1枚半を水にひたし、すぐに絞って水を切り、1センチ角に切っておく。玉ねぎとピーマンは細切りに。ご飯をお碗に1杯。フライパンに油をひいて豚肉を転がし、次に高野豆腐を入れて醤油を加え、野菜も入れて混ぜ、炒める。そこへご飯を入れてほぐ

しながら、よく混ぜてパリパリするまで炒め、塩で軽く味をつけ、コショウをふってでき上がり。

88 高野豆腐のヘルシーカレー

肉の代わりに高野豆腐を使った、コレステロールゼロの健康カレーです。高野豆腐はタンパク質が豊富で、含有量では牛肉も豚肉もかないません。

このカレーは高タンパク質に加えて、人参や玉ねぎ、じゃが芋、ニンニクと野菜もたっぷりですから、栄養的にも満点です。

材料

高野豆腐1個、人参、玉ねぎ、じゃが芋、カレールー、ニンニク、酒、砂糖、バター、油

作り方のポイント

高野豆腐は水に戻し、1センチ角に切っておく。人

参、玉ねぎ、じゃが芋は食べやすい大きさに切る。ニンニクはみじん切り。鍋を油で熱し、材料を全部入れてサッと炒めてから水を注ぐ。

酒と砂糖を加えて最初は強火で、煮立ったら弱火にして30分ほど煮込む。人参に串が通るようになったら、カレールーを入れる。少しずつ、味加減を見ながら足していく。味が決まったら、バターを入れてでき上がり。

＊おから（食物繊維たっぷりの美味の素）

豆腐を作るときに出る、いわば絞りかすがおから。「きらず」とか「卯の花」、さらには、白い雪に見立てて「雪花菜《せっかさい》」とも呼ばれてきました。かすと呼ぶには申し訳ないほど大豆の成分が残っていて、食物繊維が豊富に含まれています。女性にとっては、健康と美容の大敵である便秘の予防にもってこいの食材。スーパーにあるので、大いに活用しましょう。

89 おからのハンバーグ

肉の代わりにおからを使った、安くて健康にいいハンバーグ。ごま油の香りがご馳走です。

材料

おから、人参、玉ねぎ、卵、パン粉、ごま油、塩、ソース、コショウ

作り方のポイント

玉ねぎと人参のみじん切りをごま油で炒め、塩、コショウをふる。おからに卵、野菜、パン粉を混ぜてハンバーグのようにととのえる。ごま油をひいたフライパンで、焦げ目がつくまで焼く。ソースをかければでき上がり。

90 卵の花

おからをから炒りするだけで、こんなにうまいおかずになります。

材料

おから、干ししいたけ、人参、ねぎ、だし、醤油、砂糖

作り方のポイント

人参は小さなイチョウ切り、ねぎは小口切りに。干ししいたけは

半日程度水につけて戻し、戻し汁は取っておく。石づきを切り落とし、傘と軸に分けて薄切りにする。鍋におからを入れて、弱火で焦げないように箸でから炒りする。その後、しいたけ、人参、ねぎ、煮汁（醤油・砂糖・だし・水）、しいたけの戻し汁を加えて混ぜながら、じんわりと弱火で煮る。

91 おからの炒り煮

材料はすべて野菜系ですから、ヘルシーで食物繊維もたっぷりとれます。

材料

おからお茶碗2杯、ごぼう、人参、しいたけ、ねぎ、醤油、酒、砂糖、油

作り方のポイント

ごぼう、人参はささがきに。しいたけは細切り、ねぎはざく切り。フライパンに油をひいてごぼう、人参を炒め、熱が回ったらしいたけを加え、炒める。調味料を加え、水を入れて弱火で煮る。ごぼうがやわらかくなったらおからを加えて混ぜ合わせ、ねぎも入れて、煮汁が飛ぶまで5〜6分煮てでき上がり。

92 おからご飯

ご飯を炊くとき、おからを20パーセント入れるだけで、しっとりとした味わいになります。さらに、しいたけを細切りにして混ぜ、醬油、カツオ節を少し加えてください。おいしい混ぜご飯ができます。

93 おから汁

便秘に悩む人におすすめなのが「おから汁」。作り方はかんたんで、効果テキメンです。

材料

おから、ごぼう、人参、大根、ねぎ、豚バラ肉、油、酒、だし汁、みそ

作り方のポイント

ささがきにしたごぼうと人参、大根のそぎ切り、ねぎのぶつ切り、そして豚バラを少々。鍋に油をひいて熱したら材料を炒め、酒をふりかけてさらに炒める。だし汁（水でもいい）を入れて煮込む。材料がやわらかくなったらおからを入れ、みそで仕立ててでき上がり。

＊油揚げ（物忘れを防ぎ、骨を丈夫にする）

油揚げは生涯現役を目ざす人、いつも元気でいたい人の強い味方です。なぜならば、約20パーセントは良質のタンパク質で、さらに物忘れ防止に不可欠のレシチンも多いので、記憶力の活性化に役立つからです。安いのもうれしいですね。

94 油揚げと野菜のフライパン炒め

大豆から作られた植物性タンパク質が豊富な油揚げと、ビタミン豊富な野菜を一緒に食べれば、体にいいことは間違いありません。野菜は4種類もあればＯＫです。その時期に安い野菜を利用してください。削りカツオ節をからめれば味が深まります。

材料

油揚げ、人参、なす、ねぎ、キャベツ、玉ねぎ、小松菜、かぼちゃ、削りカツオ節、油、ポン酢

作り方のポイント

油揚げは1センチ幅、長さ3センチに切る。野菜はそれぞれ自分なりの食べやすい切り方、大きさにする。かぼちゃだけは薄いくし形に。フライパンで油を熱し、油揚げ、野菜を入れて強火で一気に炒める。火を消す前にポン酢、削りカツオ節をサッとからめる。

㉕ 油揚げのカリカリ焼き

安い、早い、かんたんなタンパク質料理。基本は油揚げを焼くだけです。しかし、添える生姜の力が頼りになるのです。生姜には発汗作用があり、血行を良くして体を芯から温めてくれます。

材料

油揚げ2枚、ねぎ、醤油、生姜

作り方のポイント

火にかけたフライパンで、こんがりと油揚げの両面を弱火で焼き、3センチ角に切って器に盛る。刻みねぎをちらし、おろし生姜を混ぜた醤油をつけて食べる。

96 いなりずし

運動会や遠足で食べたいなりずし。今ではコンビニでも売っていて、いつでも食べられます。そのいなりずしを手軽に作りましょう。

油揚げにご飯やすし飯を詰めるだけの、かんたんなご馳走です。ご飯にごまや刻んだクルミなどを混ぜてもいいし、漬物や梅干しを刻んで入れても風味が出て美味。

材料

油揚げ3枚半、ご飯3杯、醤油、昆布、砂糖、ごま、刻みクルミ、刻み梅干し、酢、砂糖

作り方のポイント

鍋に昆布（5センチ角、だし用）を敷き、水を注いでから中火にかける。煮立ったら油揚げを入れ、3分ほど煮てから昆布だけを取る。砂糖を大さじ1杯入れ、醤油を加えて味をととのえる。

煮汁が少なくなるまで煮詰めてから火を止め、粗熱がとれるまで冷やす。味のしみた油揚げの口を、外側に1センチほど折り返しておくと、すし飯も詰めやすい。中に詰めるすし飯は温かいご飯をボウルに取り、酢と砂糖を適当に混ぜておく。すし飯にはごま、梅干し、でんぶなどを入れると華やかになる。

すし飯を詰めたら口を閉じずにそのままにしておくと、手間がかからず食べやすい。口を閉じていないすし飯の上に、刻みクルミ、刻み梅干しをのせて食べる。

＊きな粉（食物繊維が豊富）

おにぎりにきな粉をまぶすと、まるで手のひらに浮かんだ「小さな太陽」に見えます。大豆をこんがりと炒って粉にしたのがきな粉で、きな粉には大豆の栄養成分が１００パーセント含まれています。

奈良時代、脚気にかかった僧が、治療薬として大豆を食べたという記録がありますが、脚気は主としてビタミンB1の欠乏によって起こります。
大豆にはビタミンB1ばかりではなく、脂質、タンパク質、カルシウム、食物繊維などもたっぷり。おまけに、若返りホルモンであるアミノ酸も豊富なのです。きな粉はそれほど高価ではありません。大いに活用して若返りましょう。

97 きな粉おにぎり

大豆の卓越した栄養成分があるきな粉で、丸い（三角でもかまわない）おにぎりを包むだけ。作るのに3分もかかりません。

材料

きな粉、ご飯、砂糖、塩

作り方のポイント

きな粉を丼などに入れて適量の砂糖と塩少々を混ぜ、おにぎりにまぶせば完成。きゅうり、なすなどを切って、塩とともにビニール袋に入れ、よくもんで即席漬けを作って添えるといい。

98 きな粉のうどんまぶし

ゆでて水を切った太めのうどんに、きな粉をまぶしただけの、超かんたん料理です。

昔は初夏の頃になると、各地で郷土食として食べられていました。今でも大分県に「やせうま」という、きな粉をまぶしたうどん料理があります。

炭水化物と高タンパク質とのドッキング・フード。あとは野菜・果物などでビタミンCをとればいいでしょう。

材料

きな粉、太めのうどん、砂糖

作り方のポイント

うどんはゆでて水切りしておく。うどんに甘みをつけたきな粉をまぶして皿に盛り、ハイ、でき上がり。

99 きな粉ペースト

きな粉にハチミツを混ぜて練ったペーストで、パンに塗ってもいいし、クラッカーにのせてもうまい。

材料

きな粉、食パンかクラッカー、みそ、ハチミツ、醤油

作り方のポイント

きな粉大さじ1に、ハチミツ小さじ1とみそ小さじ1を入れて混ぜ、そこへ熱湯大さじ1を加えて、醤油を隠し味としてたらす。食パンかクラッカーに塗って食べても美味。

*切干大根（みんな食べていた昭和の食材）

切干大根は栄養のかたまりです。天日に干すことで栄養分が凝縮して、食物繊維、カルシウム、カリウム、鉄分、ビタミンB_1、B_2は、生の大根の10倍以上。元気に生活するために、

古くから食べられてきた優秀な乾燥野菜です。油との相性もよく腹持ちがいいので、こまめに作り置きして大いに食べてください。安くて優秀な、クラシカル自然食品。昭和を代表する食材です。

⑩⓪ 切干大根の土佐煮

材料

切干大根、油揚げ、醤油、酒、みりん、カツオ節

作り方のポイント

切干大根を水で戻し（約20分）たら、ザルに入れて水気をしぼる。油揚げは細切りにする。2つをごま油をひいたフライパンで炒めてから、鍋に移す。鍋にヒタヒタの水を加え、醤油、みりん、酒を加えて弱火で煮る。火を止めてから、カツオ節を多目に入れて混ぜる。

○切干大根
太陽のエネルギーを浴びて
食物繊維も
ビタミン
B1も
たっぷりよ。

101 切干大根ときゅうりのオクラサラダ

前出の「切干大根の土佐煮」に夏野菜をアレンジすることで、切干大根をサラダ感覚で食べられます。

材料

切干大根の土佐煮、きゅうり、オクラ、ミニトマト

作り方のポイント

きゅうりを薄く切る。オクラは塩をふって、まな板でもんでうぶ毛を取り、細かく刻む。ミニトマトは縦半分の4つに切る。野菜と切干大根の土佐煮をボウルに入れて混ぜ合わせる。

*飲む点滴、甘酒（日本の健康栄養剤）

酒粕から作る甘酒は豊富なアミノ酸を含む、手作りの健康サプリメント。広告に踊らされて、高価な栄養剤をありがたがるのはやめ、日本人の知恵・甘酒を毎日飲みましょう。甘酒

は〝飲む点滴〟といわれ、江戸時代は夏バテ予防、冬は冷え防止の、体にやさしい伝統栄養剤でした。発酵食なので胃と腸を刺激して、便秘ともサヨナラできます。

市販の甘酒は高いので、手作りするのが賢いやり方。漢方薬でも使われる生姜を入れると、ポカポカしてきて体が温まり、冷えに対する免疫力が上がります。酒粕に含まれるレジスタントプロテインには高い油吸着効果があり、肥満を予防し、悪玉コレステロールを体の外に排出し、動脈硬化や心臓病を防ぎます。

102 生姜入り甘酒

材料

酒粕、砂糖、生姜

作り方のポイント

酒粕50〜60グラム、おろし生姜、砂糖小さじ1杯を小鍋に入れ、コーヒーカップ1杯分の水（約220CC）を加えてサッと煮立てる。煮立て過ぎると甘酒の量が減ってしまうので、2〜3分で火から外し、大さじで酒粕を押しつぶして溶かす。

毎朝食事前に飲むと、冬は体が温まり、夏は暑さへの抵抗力がつく。酒粕はスーパーでも手に入る安い普及品で十分。毎日飲むことが大事。おろし生姜、砂糖は好みの量で。

スタミナがつく「ニンニクみそ」の作り方

材料

ニンニク40～50グラム、赤だし用みそ150グラム、砂糖大さじ3杯、酒少量、卵黄2個

作り方のポイント

①ニンニクをすりおろし、赤だし用みそ、砂糖、酒を鍋に入れ、中火にかける。
②中火のまま、とろみが出るまでヘラで5分ほど混ぜる。
③鍋を下ろして卵黄を加えてさらに混ぜ、5分ほど火を通す。
＊冷めてから密封容器に入れて、冷蔵庫で保存する。

10章　「野菜」料理で病気知らず

昔から、**「五色の野菜を食べれば病気知らず」**といわれてきました。抗生物質などなかった時代の、人々の健康管理の知恵なのでしょう。色とりどりの葉物野菜や根菜を食べることで、色素に含まれている栄養や薬効をとり、健康を守ったのです。

葉物野菜の場合、**「緑」**は小松菜やほうれん草などで、ビタミンCやカロテンが多い。**健康のためには野菜をバランスよく食べること**が大事で、根菜も含めて、**心がけて多くの野菜を少しずつ食べることです。**

根菜の共通点は食物繊維が多いことで、ダイエットには不可欠です。葉物野菜と根菜系と組み合わせて、「五色野菜」の知恵を生かしてください。

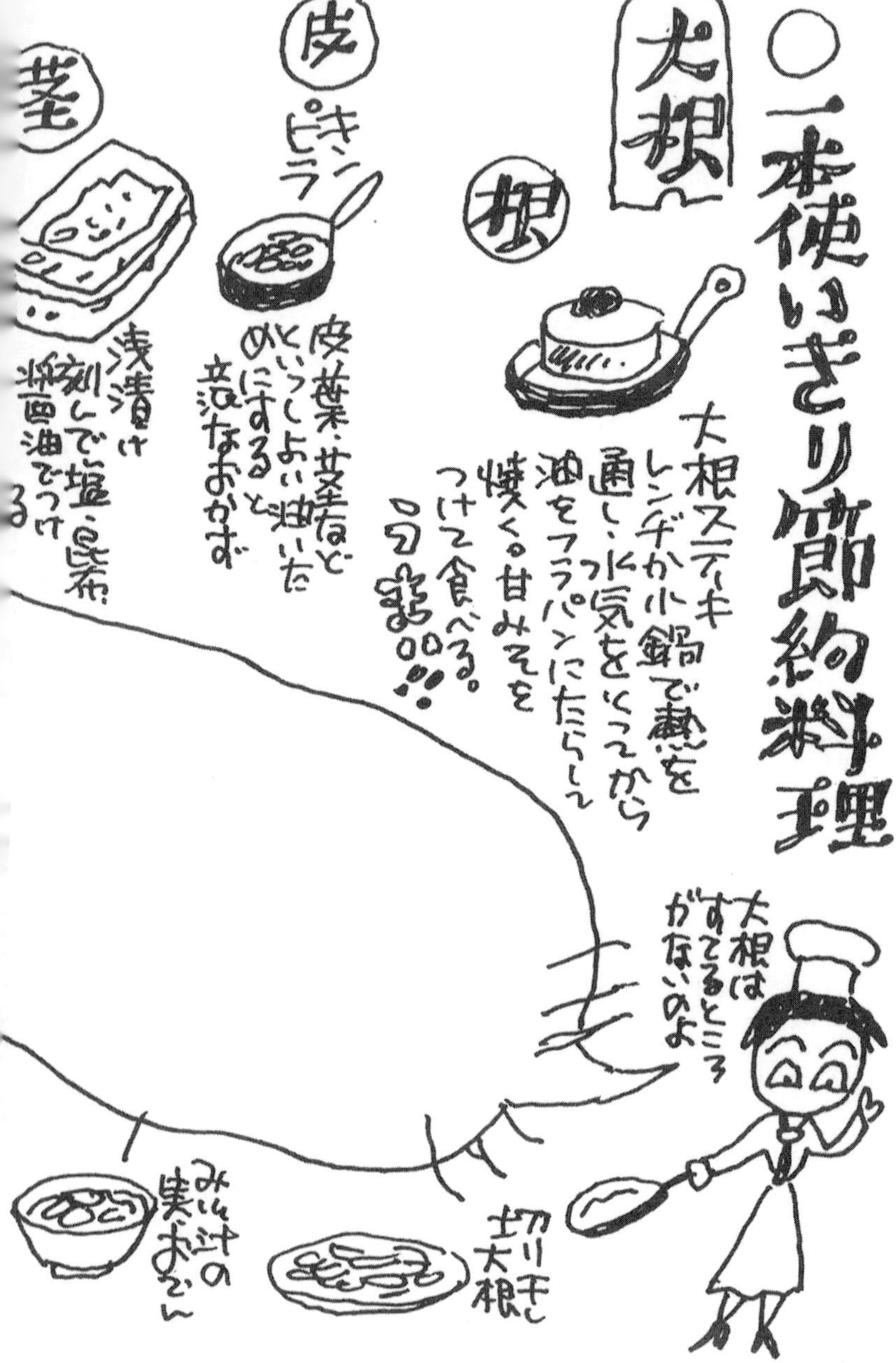
○一本使いきり節約料理
大根
根
大根ステーキ
レンジか小鍋で熱を
通し、水気をとってから
油をフライパンにたらして
焼く。甘みそを
つけて食べる。
うまーい!!
皮
キンピラ
皮、葉、茎など
といっしょに炒いた
めにすると
立派なおかず
茎
浅漬け
刻んで塩、昆布、
醤油でつける
大根はすてるところがないのよ
切り干し大根
みそ汁の実、おでん

葉
みそ汁
浅漬け
ビニール袋に塩昆布を入れてもむ
炊きこみごはん
ビタミンB2
ビタミンC
カロテン
ビタミンK
カルシウム
カリウム
ビタミンE
葉酸
鉄分、食物繊維
食物繊維
葉酸
アミラーゼなどの消化酵素
ビタミンC
カリウム
大根おろしは胃を丈夫にします

103 野菜と豚肉の焼きそば

野菜でビタミン、中華めんで炭水化物、豚肉でタンパク質もとる、欲張りな焼きそば。夏にはゴーヤー、春はキャベツと、季節の野菜を使います。サッパリした塩味風味でどうぞ。

材料

ゆでた中華めん、豚コマ肉、キャベツ、玉ねぎ、きのこ類、もやし、人参、油、ごま油、塩、コショウ

作り方のポイント

キャベツ、玉ねぎ、人参は、食べやすい大きさ・厚さに切る。油をひいたフライパンで豚肉を炒め、そこに中華めんを加えて、ほぐしながらさらに炒める。

次に野菜を全部入れ、塩、コショウで味をつけ、最後にごま油をたらす。キャベツがやわらかくなり過ぎないように。ゴーヤーを使うときは、野菜の一番目に炒める。中華めんの代わりにうどんでもいい。途中で水を少々加える。

104 新キャベツの鶏肉入り和風サラダ

新キャベツをサラダにして、やわらかい葉や茎の食感を楽しみます。

材料

キャベツ、生姜、鶏胸肉、塩昆布、コショウ、酢、塩、ごま油

作り方のポイント

鶏胸肉は皮を取り、塩とコショウをふって、ラップをかけて電子レンジで加熱。中まで火を通す。冷めたら手で細かく裂く。細く千切りにした生姜と、太めに切ったキャベツを混ぜ合わせ、器に盛る。その上に細かく裂いた鶏胸肉をのせ、塩昆布をちらす。酢、塩、ごま油を混ぜ合わせてかければ、でき上がり。

105 もやしとほうれん草の和えもの

ゆでた野菜をすぐ食べる、手間なしの一品。

材料

ほうれん草、もやし、おろしニンニク、塩

作り方のポイント

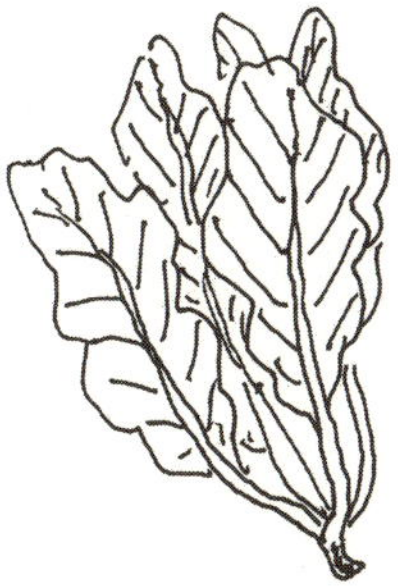

もやしをサッとゆでて湯を切る。別にほうれん草もゆで、水を切って3センチの長さに切る。ボウルにおろしニンニクと塩を入れて混ぜ、もやし、ほうれん草を加えて和えればでき上がり。ニンニクの代わりに芥子《からし》でもいい。

106 もやしの酢醤油ごま油かけ

もやしを最もシンプルに、しかもおいしく食べる方法で、飽きがきません。料理を知らない独身男性でも作れる、かんたんレシピです。

材料

もやし、ごま油、酢、醤油

作り方のポイント

もやしを鍋でさっとゆでる。ゆで過ぎてクタクタにならないように。シャキっとした舌ざわりが命。手でしぼって水気を切り、皿に移したもやしに、ごま油と酢醤油をかけて食べる。

107 かぼちゃの水煮

野菜は葉物だけでなく根菜も食べましょう。水だけでかぼちゃを煮ると、ほっこりした自然な甘さに驚きます。かんたん過ぎて、料理とはいえないかもしれません。

材料

かぼちゃ2分の1、削りカツオ節

作り方のポイント

一口大に切った皮つきかぼちゃを、皮を下にして鍋の底に並べ、かぼちゃが隠れるまで水を張る。できれば重ならない方がいい。ふたをして強火で煮、ときどき、箸の先が通るか煮具合をみる。水がなくならないように。箸が通ればでき上がり。皿に並べて、お好みで削りカツオ節をトッピング。かぼちゃ本来の自然な甘さが口の中に広がり、至福の時間。日頃、調味料を使い過ぎなのに気がつく。

108 蒸しキャベツのニンニクみそのせ

蒸してやわらかくしたキャベツを、作り置きのニンニクみそ（214頁参照）で温野菜として食べます。メイン料理ではありませんが、肉・魚料理に添える一品として抜群です。

材料

キャベツ、ニンニクみそ

作り方

食べやすい大きさにちぎったキャベツを、鍋で蒸して温野菜にする。温野菜だとたくさん食べられ、冬は体が温まるのでおすすめ。皿に盛ったキャベツにニンニクみそをのせ、混ぜながら食べる。

109 小松菜と油揚げ、わかめの煮びたし

油揚げと小松菜、わかめがコラボした小鉢。小松菜はカルシウムが多い野菜として知られていますが、老化を防ぐ3大ビタミンＡＣＥのすべてを含む、長寿野菜でもあります。江戸時代の八代将軍徳川吉宗が、鷹狩で訪れた東京葛飾の小松川で食べた「菜っ葉汁」を喜び、以来「小松菜」と呼ばれるようになりました。

材料

小松菜、油揚げ、わかめ、醬油、油、酒、白ごま

作り方のポイント

油揚げ2枚を長さ2センチ、幅5ミリに切る。小松菜は根を取り、4センチの長さに切る。わかめは一口大に。油をひいて熱したフライパンで、小松菜と油揚げをサッと炒める。その後、醬油、酒を入れて煮立てた鍋に、油揚げ、小松菜、わかめを入れて2分程度煮ればでき上がり。器に盛った料理に白ごまをふる。フライパンで炒ることでコクが出る。

⓫⓪ 新玉ねぎの丸ごとシンプル煮

旬の野菜はおいしいものですが、甘くてみずみずしい新玉ねぎは、口の中でとろけてまた格別なもの。そこで余計な手間はかけずに、酒と水でやわらかく煮て味わいましょう。こんなにうまいのかと驚きます。血液もサラサラになるでしょう。

材料

新玉ねぎ、酒、黒コショウ、塩、ごま油

作り方のポイント

玉ねぎの皮をむき、芽と根（頭と下）を包丁で落とす。玉ねぎの根の方を下にして鍋の底にくっつけて並べる。なるべく玉ねぎをたくさん入れたほうがいい（一人分で玉ねぎ2、

3個なら小鍋で)。鍋に酒と水を入れ、ふたをして強火。沸騰してきたら弱火にしてさらに煮る。鍋の大きさ、玉ねぎの数により煮える時間が違うので、てっぺんの切り口を見て判断する。切り口の中心から汁や泡が出ていたら煮上がりなので、火を止めて黒コショウ、塩、ごま油の順にふりかける。再びふたをして、5~6分そのまま置き、その後、煮汁をかけて食べる。煮汁は濃厚なスープになり、とてもうまい。

⑪ 焼きなす

焼きなすは難しいと思っていませんか。ところが永山流フライパン料理なら、即席に焼きなすが作れてしまいます。

材料

大きめのなす2個、酒、油、醤油、削りカツオ節、生姜

作り方のポイント

なすはへたを切り取り、皮をむいて縦半分に

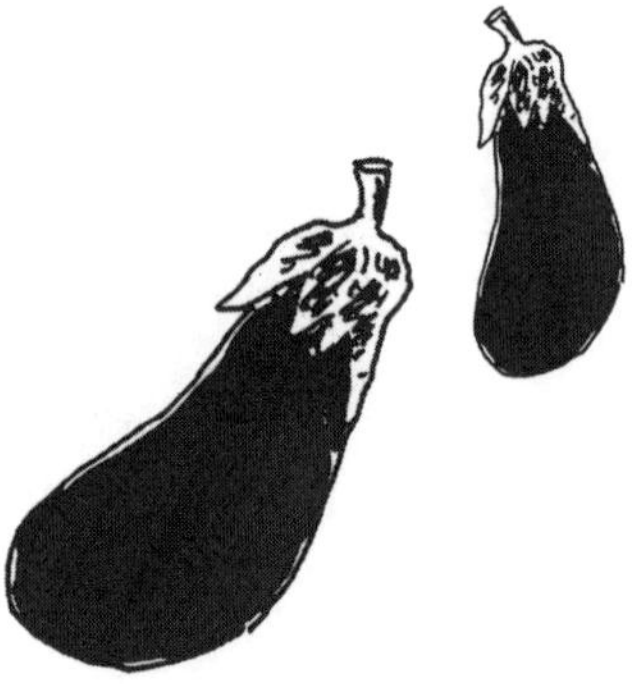

切る。多めの油をひいたフライパンになすを並べ、両面がキツネ色になるまで焼く。焦げないように、こまめにひっくり返す。酒と水を少量加えて、ふたをして蒸し焼きにする。取り出したなすを食べやすく切って、皿に盛りつける。醤油をたらし、削りカツオ節をちらし、おろし生姜をのせる。

⑫お助け、厚揚げ白菜鍋

給料前や、懐が寂しいときにありがたい鍋。安く手に入る白菜と厚揚げ、おからで作ります。卵を入れれば栄養的にも安心。

材料

白菜、厚揚げ、おから、卵、だし、ポン酢

作り方のポイント

白菜、厚揚げを食べやすい大きさに切る。だしと水、おからを入れて煮立てた鍋に、白菜、厚揚げ、卵を入れて煮ながら、ポン酢で食べる。

⓫⓭いんげんのごま和え

いんげんの季節になると、居酒屋・小料理屋などでいんげんのごま和えが突き出しとしてよく出ます。意外とかんたんなので、おかずの一品にしましょう。

材料

さやいんげん、黒のすりごま、醤油、砂糖、ごま油

作り方のポイント

へたを取ったさやいんげんを、塩を加えた熱湯で固めにゆでる。ゆで上がったら冷水で冷やし、水気を切って3センチ程度のぶつ切りにする。すりごま、砂糖、醤油を混ぜ、ごま油をたらし、そこにいんげんを混ぜてよく和える。ごま油の風味が利いておいしい。

114春雨きゅうりサラダ

安くて保存がきく春雨は何にでも合います。きゅうりに

からめれば5分でＯＫ！

材料

春雨、きゅうり2本、トマト、酢、醬油、生姜、ごま油、白ごま

作り方のポイント

鍋の沸騰した湯で春雨を1分ゆで、ふたつき容器に入れて蒸らす。5分したらザルにあけて水気を切り、10～15センチの長さに切る。きゅうりは斜めに薄切り、トマトは食べやすい大きさに切る。春雨ときゅうり、トマト、きざみ生姜をボウルに入れて、酢、醬油、ごま油で和える。皿に盛って白ごまをふる。

115 残りもの野菜の浅漬け風サラダ

冷蔵庫の残りものの野菜を使い、サラダ感覚で食べます。大根や人参、キャベツ、玉ねぎ、小松菜、きゅうり、もやしなど何でもＯＫです。

材料

冷蔵庫にある野菜、塩、レモン（市販のレモン汁でもいい）、コショウ

作り方のポイント

すべて食べやすい大きさ、薄さに切り、ボウルに入れて軽く塩をふってもみ合わせる。10分ほどしたら、さっと水洗いして塩分をぬく。ざるに取り水気を切る。ボウルに入れた野菜につぶマスタードを加えて和え、レモン汁をかけ、コショウをふればでき上がり。塩気が欲しければ塩をふる。魚肉ソーセージを千切りにして混ぜてもいい。

116 きのこの豚すき焼き

きのこはどんな材料にも合い、特有の栄養効果を持つ食材。まいたけはビタミンB_2が多く、しめじはカリウムが多くて血圧を安定させます。なめこはヌメリの素であるムチンが肝臓や腎臓の機能を高め、えのきだけは脂質代謝を改善します。長野県ではきのこを毎日食べる人が多く、それもあって、平均寿命日本一です。

材料

きのこ類、ねぎ、豚バラ肉、しらたき、焼き豆腐、卵、醤油、酒、砂糖、だし

作り方のポイント

ねぎは斜め切り、しらたき、焼き豆腐、豚バラ肉は食べやすい大きさに切る。きのこは石づきを切り落とす。鍋にだし、水少量を入れ、豚バラを加える。肉がグツグツ煮えてきたら、きのこと焼き豆腐、しらたきを入れ、砂糖、酒を加えて醤油を回しかける。最後にねぎを入れ、器の溶き卵につけて食べる。

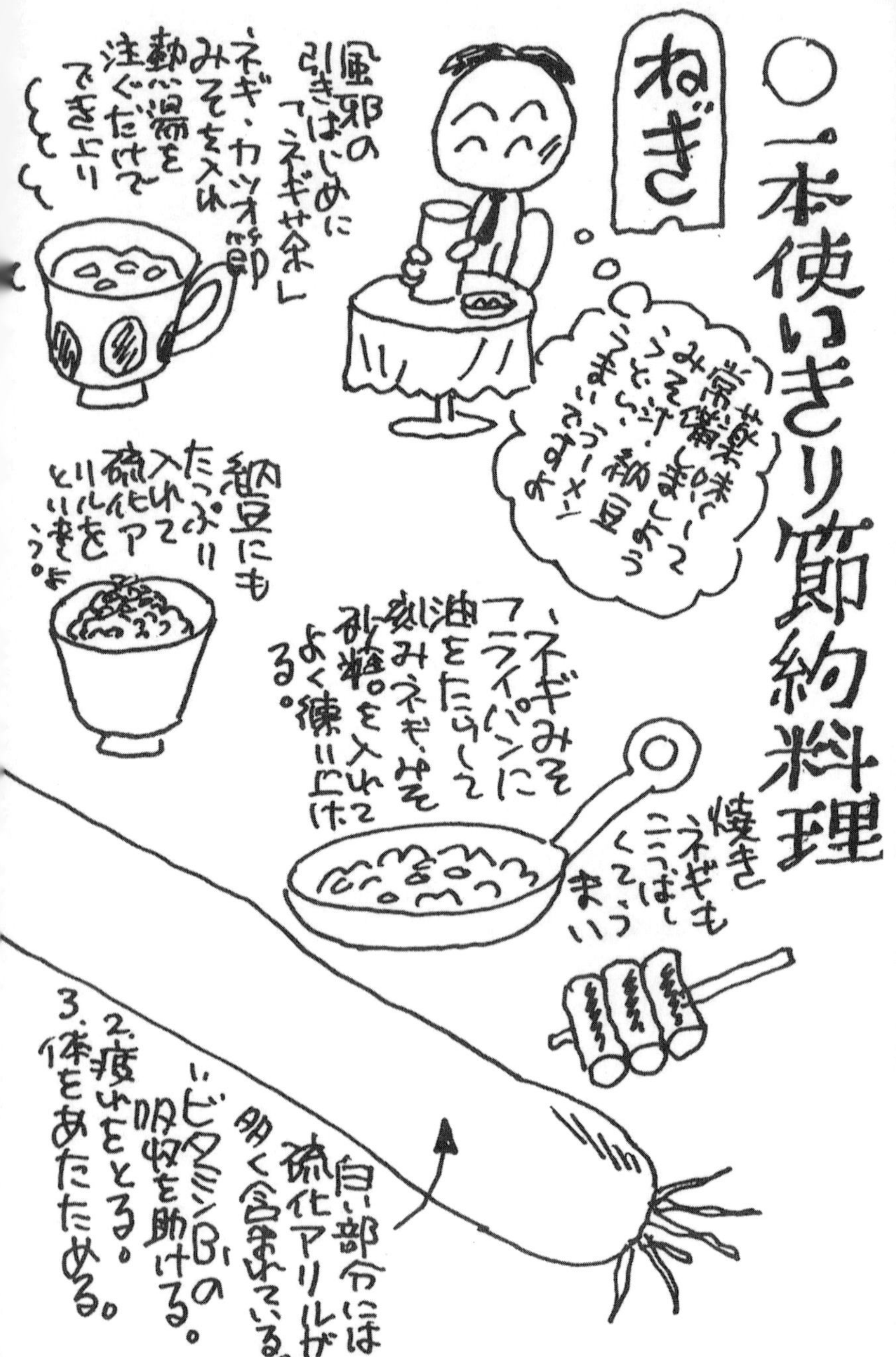

○一本使いきり節約料理
ねぎ
常備薬味にして
みそ汁・納豆
うどん、うまいっすよ〜!
焼きネギもこうばしくてうまい
、ネギみそ
フライパンに油をたらして刻みネギ、みそ、砂糖を入れてよく練り上げる。
風邪の引きはじめに「ネギ茶」
ネギ・カツオ節みそを入れ熱湯を注ぐだけでできあがり
納豆にもたっぷり入れて硫化アリルをとりましょう。
白い部分には硫化アリルが多く含まれている。
1.ビタミンB1の吸収を助ける。
2.疲れをとる。
3.体をあたためる。

ネギ焼き
小麦粉に刻みネギを
たっぷり入れ、カツオ節と
タマゴも加えて混ぜ
フライパンで
焼くだけ。

○葉の部分に多いカロテンは
体の老化を防ぎ
ガンを予防する力が強い

葉色の濃いものほどよい

○ビタミンCが多い
1. 免疫力を強くする
2. 風邪を防ぐ
3. 病気に強くなる
4. 肌を美しくする
5. ガンを防ぐ
6. ストレスに強くなる

○ビタミンKも含まれている
出血を防いで、骨を丈夫に
するビタミンです。

11章　海の野菜「海藻」で若々しく

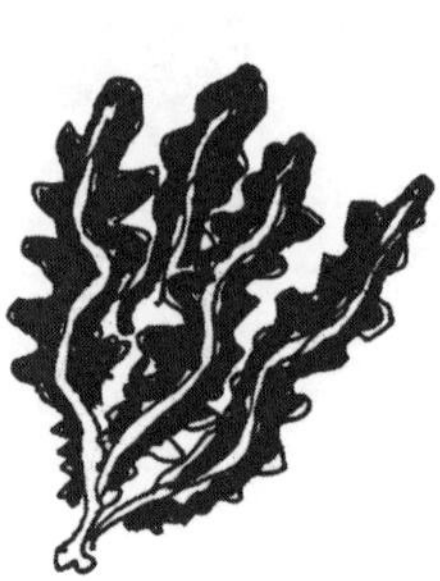

昔から日本人にとって、海藻はまさに「海の野菜」でした。縄文人もモリモリ食べ、戦国武将の信長も秀吉も、家康も食べ、私も毎日のようにモリモリと食べています。あなたも**病院の世話にならず、**明るく健康で過ごすために、もう一度**海藻を見直し、常食しましょう。**

海藻のおかげで胃ガンから生還した人がいます。

知人でデザイナーのAさんは、深夜まで仕事に追われた過労がたたり、59歳で胃ガンに倒れ、胃を半分切除しました。その後、仕事をやめて高知県の海辺で暮らしはじめましたが、運動もかねて毎日海辺で海藻を採りました。そして**みそ汁やサラダ、納豆にまぜたり、煮物**

にしてたくさん食べたのです。すると、２年後にはすっかり体力が回復して、なんと、４年後には１００キロマラソンを完走するまでになりました（健康な同世代の１・５倍の時間を要しましたが）。その後胃ガンは転移せず、今では真っ黒に日焼けして、人手が足りない近所のみかん山で元気に働いています。

そんな海藻の栄養効果をご紹介しましょう。

その①わかめは「若目」であり「若女」に通じる。

ホテルの朝食の定番スープが「わかめのみそ汁」で、豆腐も入っています。これは日本人の知恵で、わかめを朝食で食べると、１日をニコニコと楽しく過ごせることを知っていたからなのです。

昔から「イライラするときには、わかめのみそ汁」といわれてきました。ニコニコで暮らせる理由は、わかめにも、豆腐、みそ、カツオ節にも、カルシウムが含まれているからに他なりません。美肌効果の高いカロテンやビタミンC、食物繊維が多く、まさに、若い生命がはじけるような「若女」に通じる、若返り食なのです。毎日食べるためには、生わかめより戻せば増える乾燥わかめのほうが安上がりです。

その②昆布を食べて「よろこんぶ人生」

昔は「養老昆布」と書き、不老長寿に役立てて、「喜ぶ」と縁起をかつぎました。昆布には、あらゆる成人病を防ぐ成分が豊富に含まれているからです。昆布を水につけるとヌルヌルしますが、それは水溶性食物繊維のせいで、お通じを良くする作用や、コレステロールを減らし、免疫力を上げてガンを抑える働きがあります。

お肌のしわやしみは老化の始まりですが、それを防ぐビタミンCやE、カロテンなども多く、まさに昆布はおめでたい「養老昆布」です。安価な細切り昆布や切りくずの昆布があるので、ぜひ、こまめに食べてください。

その③「海の野菜」の王様・ひじきで、健康で長生き

食卓にあればなんとなく箸がのび、飽きないおかず……それがひじき。縄文時代から食べられてきた海の恵みです。カルシウムは牛乳の約12倍、食物繊維はごぼうの約7倍、鉄分は鶏レバーの約6倍も含む栄養のかたまり。

昔から「ひじきを食べると長生きする」といわれたことから、かつての「敬老の日」9月15日はひじきの日になっています。カロリーが低く、便秘予防、美肌、ダイエットなど、た

くさんの効能がある海藻の王様。わかめをはじめ、ひじき、もずくなどの海藻を常食して、いつまでも健康で暮らしてください。生ひじきより、割安な乾燥カットひじきがおすすめです。

117 わかめときゅうりのかんたん酢の物

体にいい酢の物。わかめの定番食をかんたんに作ります。

材料

わかめ（生、戻したもの、どちらでも）、きゅうり1本、生姜、酢、砂糖

作り方のポイント

水で戻した乾燥わかめの水気を切り、食べやすい小口に切る。きゅうりは薄く切り、わかめと一緒にボウルに入れる。そこに少量の酢と砂糖を加えて和える。器に盛って、細く針のように切った生姜をひとつまみのせる。

118 わかめご飯

甘からく味つけしたわかめをご飯に混ぜただけなのに、とてもうまいかんたんめし。

材料

小さくカットされた乾燥わかめ、ご飯、醤油、ごま油、みりん、削りカツオ節

作り方のポイント

わかめを水で戻し、水を切る。ボウルにわかめを入れ、醤油、みりん、ごま油を加えて混ぜる。わかめを炊き立てのご飯に混ぜ、器に盛り、その上に削りカツオ節をトッピング。

119 ひじきキャベツ

海のひじきからミネラルと鉄分、畑のキャベツからビタミン類をいただく、体にやさしい料理です。やわらかい新キャベツなら最高。

材料

乾燥ひじき、キャベツ、人参、油揚げ、白ごま、醤油、塩

作り方のポイント

ひじきを水で戻し、戻し汁ごと鍋に入れて沸騰したら弱火でコ

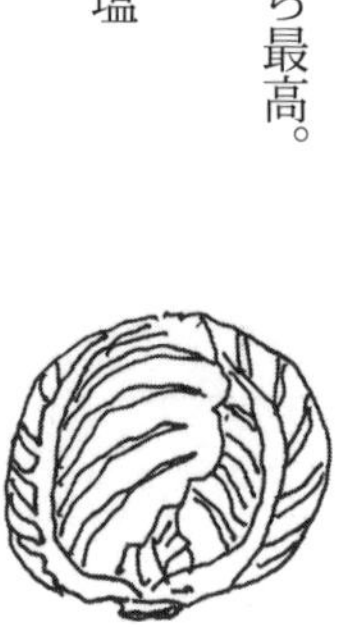

トコト煮て、やわらかくなったら醤油で味つけする。鍋に汁がなくなったら、ひじきをボウルに移す。食べやすい大きさに切った人参とキャベツと油揚げを鍋に入れ、少し水を注いで、しんなりするまで炒める。ひじきを鍋に入れて全体を混ぜ、味を見て、再度醤油と塩で調味する。最後に白ごまをトッピング。

120 ひじきの煮物

ミネラル豊富なひじきと油揚げ、人参のシンプルな煮物です。

材料

乾燥ひじき、油揚げ、人参、醤油、砂糖、だし、ごま油

作り方のポイント

人参はイチョウ切り、油揚げは短冊切りにし、乾燥ひじきは水に漬けて戻す。ひじきの水を切り、油揚げ、人参と一緒にごま油で炒める。これに水を加

えて煮立て、醤油、砂糖、だしを混ぜながら弱火で煮る。少し甘めで、しょっぱいほうがおいしい。

⓬⓵ くず昆布で手作りつくだ煮

材料

安価な細切り昆布か切りくず昆布、醤油、砂糖、酒、カツオ節

作り方のポイント

昆布を水で戻し（水は捨てない）、細かく切り揃えて、醤油、砂糖少々、酒も加えて昆布を戻した水でコトコトとやわらかくなるまで煮る。煮立ったら、カツオ節を少々まぶして、永山流手作り昆布つくだ煮の完成。

永山久夫（ながやまひさお）

食文化史研究家。1932年（昭和7年）、福島県の麹屋の次男に生まれる。小さい時から料理と絵が好きで、12歳の時にはフライパンを握り、料理を作って兄弟にご馳走する。

昭和32年、漫画家を目指して上京。新宿近くに住み、漫画家として奮闘。結婚、一児を授かるも妻が病死。ビンボー暮らしをしながら仕事と子育てを続ける。子どものために食事を作り、現在まで包丁を握っている。

昭和50年に書いた『納豆沿革史』が評判になり、これをきっかけに食文化研究家として脚光を浴び、マスコミで活躍。古代から明治時代までの食事復元の第一人者であり、長寿村の食生活も長年にわたって調査研究している。

著書に『日本古代食事典』（東洋書林）、『万葉びとの長寿食』（講談社）、『長寿村の100歳食』（角川書店）、『江戸めしのスゝメ』（メディアファクトリー）、『なぜ和食は世界一なのか』（朝日新聞出版）ほか多数。

ひと月《つき》1万円《まんえん》！ 体《からだ》にやさしい
昭和《しょうわ》のシンプル食生活《しょくせいかつ》

2016年11月7日　初版発行

著　者　永山久夫
発行者　小林圭太
発行所　株式会社CCCメディアハウス
〒153-8541 東京都目黒区目黒1丁目24番12号
電話 03-5436-5721（営業）　03-5436-5735（編集）
http://books.cccmh.co.jp/

イラスト　永山久夫
企画・構成　宣田陽一郎
装　丁　KEISHODOGRAPHIC（竹内淳子）
本文デザイン　Nobuyasu Yao
校　正　円水社

印刷・製本　慶昌堂印刷株式会社

ISBN978-4-484-16225-6　Printed in Japan